Die Verbindung zwischen Gehirn und Immunsystem

Trainieren Sie Ihren Geist, um chronische Krankheiten zu verhindern

Von Joe Correa

Veröffentlicht von Live Stronger Faster

Erste Ausgabe

Inhaltsverzeichnis

Einleitung

Der menschliche Körper ist ein Meisterwerk der Integration. Jedes System – neurologisch, kardiovaskulär, immunologisch, endokrin und verdauungsbezogen – kommuniziert durch einen ständigen Strom biochemischer Botschaften, elektrischer Impulse und subtiler energetischer Wechselwirkungen. Dennoch wurden wir während eines Großteils der modernen Medizingeschichte dazu erzogen, den Körper wie eine Maschine zu betrachten, die aus getrennten Teilen besteht: ein Gehirn, das denkt, ein Immunsystem, das verteidigt, ein Herz, das pumpt. In Wahrheit sind diese Systeme untrennbar miteinander verbunden. Was eines beeinflusst, beeinflusst alle. Und vielleicht zeigt sich diese Verbindung nirgendwo deutlicher als in der Beziehung zwischen dem Gehirn und dem Immunsystem.

In den letzten zwei Jahrzehnten haben wissenschaftliche Entdeckungen unser Verständnis von Gesundheit und Krankheit grundlegend verändert. Das aufstrebende Forschungsfeld der Psychoneuroimmunologie – die Untersuchung der Wechselwirkungen zwischen Geist, Gehirn und Immunsystem – hat gezeigt, dass unsere Gedanken, Emotionen und Stressniveaus messbare Auswirkungen auf die Funktion des Immunsystems haben. Chronischer Stress, unverarbeitete Traumata und negative Denkmuster führen nicht nur dazu, dass wir uns schlecht fühlen; sie verändern unsere Gehirnchemie, unterdrücken unsere Immunabwehr und schaffen biologische Bedingungen für chronische Krankheiten. Umgekehrt können Praktiken, die den Geist regulieren – wie Achtsamkeit, Visualisierung, Dankbarkeit und Meditation – die Immunresilienz stärken, Entzündungen reduzieren und sogar Krankheitsprozesse umkehren.

Im Zentrum dieser Beziehung steht die Kommunikation. Gehirn und Immunsystem „sprechen" ständig miteinander über chemische Botenstoffe wie Zytokine, Neurotransmitter und Hormone. Wenn das Gehirn eine Bedrohung wahrnimmt – real oder eingebildet – signalisiert es die Freisetzung von Stresshormonen wie Cortisol und Adrenalin. In kleinen Mengen hilft uns diese Reaktion zu überleben. Doch wenn die Stressreaktion zu häufig aktiviert wird, wird sie toxisch. Eine chronisch erhöhte Konzentration dieser Stresschemikalien unterdrückt die Immunfunktion, stört den Schlaf, fördert Insulinresistenz und schädigt genau jene neuronalen Netzwerke, die für emotionale Regulierung und Gedächtnis verantwortlich sind. Mit der Zeit trägt dieses biochemische Ungleichgewicht zu Krankheiten wie Diabetes, Autoimmunerkrankungen, Herzkrankheiten und sogar bestimmten Krebsarten bei.

Das Gegenteil ist ebenfalls wahr. Wenn wir positive mentale Zustände kultivieren – Ruhe, Freude, Fokus und Liebe – setzt das Gehirn Neurotransmitter wie Dopamin, Serotonin und Oxytocin frei. Diese „heilenden Chemikalien“ unterstützen die Immunfunktion, verbessern die Durchblutung und helfen dem Körper, sich auf zellulärer Ebene zu reparieren. Deshalb ist eine positive Geisteshaltung nicht einfach nur eine Einstellung – sie ist eine biologische Intervention. Die Wissenschaft zeigt inzwischen, dass mentales Training für langfristige Gesundheit genauso wichtig ist wie Ernährung, Bewegung und Schlaf.

Stellen Sie sich Ihr Immunsystem als eine Armee und Ihr Gehirn als den General vor. Die Aufgabe des Generals besteht darin, Informationen zu interpretieren und zu entscheiden, ob angegriffen, geruht oder wieder aufgebaut werden soll. Wenn der General jedoch ständig von Angst, Wut oder Erschöpfung überwältigt ist, wird die Armee verwirrt. Manchmal greift sie die falschen Ziele an (wie bei Autoimmunerkrankungen), und manchmal wird sie zu passiv, sodass Infektionen oder Tumore ungehindert wachsen können. Wenn Sie Ihren Geist trainieren, ruhig, klar und ausgeglichen zu bleiben – selbst in schwierigen Situationen –, lehren Sie Ihren „General“, bessere Entscheidungen zu treffen. Mit der Zeit entsteht dadurch ein Zustand innerer Harmonie, der Krankheiten verhindert, bevor sie entstehen.

Einer der bemerkenswertesten Aspekte der Verbindung zwischen Gehirn und Immunsystem ist ihre Plastizität. Das Gehirn ist nicht statisch; es verändert sich je nachdem, wie wir es nutzen. Neuronale Verbindungen, die gemeinsam aktiviert werden, verstärken sich miteinander. Das bedeutet, dass Sie jedes Mal, wenn Sie einen Gedanken wählen, Ihr Gehirn buchstäblich darauf trainieren, Ihr Immunsystem auf eine andere Weise zu beeinflussen. Wenn Sie täglich Dankbarkeit praktizieren, sich auf heilende Bilder konzentrieren oder Atemübungen nutzen, um Ihr Nervensystem zu regulieren, bauen Sie neue neuronale Netzwerke auf, die Ihrem Körper Sicherheit signalisieren. Das Immunsystem hört auf diese Botschaft und passt sein Verhalten entsprechend an. Es beginnt, Ressourcen zu sparen, Entzündungen zu reduzieren und Reparaturprozesse zu aktivieren. Heilung wird nicht nur möglich, sondern vorhersehbar.

Die Auswirkungen sind tiefgreifend. Die moderne Medizin hat sich häufig darauf konzentriert, Symptome zu behandeln und Entzündungen zu unterdrücken, anstatt die tieferen Ursachen von Immunstörungen zu adressieren. Doch chronische Entzündungen – das, was Wissenschaftler heute den „stillen Killer" nennen – sind oft das Ergebnis unregulierten mentalen Stresses. Das innere Alarmsystem des Körpers schaltet sich nie vollständig aus. Es ist, als würde man neben einem Feueralarm leben, der unaufhörlich klingelt; irgendwann brennt das gesamte System aus. Die Verbindung zum Geist wiederherzustellen und zu lernen, den inneren Sturm zu beruhigen, ist eine der effektivsten Möglichkeiten, diesen Alarm auszuschalten und dem Körper zu erlauben, sich auf natürliche Weise zu heilen.

Dieses Buch handelt davon, diese Kraft zurückzugewinnen. Es geht nicht darum, Ärzte zu ersetzen oder die medizinische Wissenschaft zu ignorieren. Es geht darum, traditionelle Ansätze durch mentales und emotionales Training zu ergänzen, das Ihr Immunsystem von innen heraus stärkt. Sie werden lernen, wie Gedanken und Emotionen Ihre Biologie direkt beeinflussen, wie Sie frühe Anzeichen eines Ungleichgewichts erkennen und wie Sie bewährte mentale Übungen einsetzen können, um Harmonie wiederherzustellen. Sie werden wirkungsvolle Werkzeuge kennenlernen, darunter Neuroplastizitäts-Training, Atemkontrolle, emotionale Befreiung und fokussierte Visualisierung – alles unterstützt durch neueste Erkenntnisse aus Neurowissenschaft und Immunologie.

Auf diesen Seiten werden Sie außerdem auf echte Geschichten der Transformation stoßen: Menschen, die Autoimmunerkrankungen, chronische Erschöpfung oder sogar Krebs überwunden haben, indem sie ihren Geist neu trainierten und die Kommunikation zwischen Gehirn und

Körper wiederherstellten. Ihre Genesungen sind keine Wunder – sie sind das Ergebnis bewusster Neuverdrahtung neuronaler und immunologischer Kreisläufe. Diese Beispiele zeigen, was möglich ist, wenn wir den Geist nicht als passiven Beobachter, sondern als aktiven Teilnehmer an unserem Heilungsprozess verstehen.

Sie sind kein Opfer Ihrer Biologie. Sie sind ihr Gestalter. Jeder Gedanke, jede Emotion und jede Absicht, die Sie hegen, stärkt oder schwächt Ihre Immunabwehr. Sobald Sie diese Wahrheit erkennen, können Sie mentale Gesundheit nicht länger von körperlicher Gesundheit trennen. Dieselben mentalen Muster, die Angst und Depression verursachen, können auch Entzündungen und Immunstörungen auslösen. Derselbe innere Frieden, der emotionales Wohlbefinden fördert, aktiviert Heilungsprozesse auf zellulärer Ebene. Ihre Gesundheit beginnt daher im Geist.

Die Reise, die Sie nun beginnen, dreht sich nicht um Perfektion, sondern um Bewusstsein. Es geht darum, die Sprache zu verstehen, die Ihr Körper spricht, und zu lernen, in einer Weise darauf zu antworten, die Gleichgewicht, Regeneration und Langlebigkeit fördert. Wenn Sie Ihren Geist trainieren, trainieren Sie Ihr Immunsystem. Wenn Sie Ihre Gedanken heilen, heilen Sie Ihre Zellen. Die Verbindung zwischen Gehirn und Immunsystem ist die Brücke zwischen

Wissenschaft und Geist, zwischen Wissen und Heilung – und sobald Sie lernen, sie zu überqueren, wird sich Ihr Verständnis von Gesundheit für immer verändern.

Kapitel 1: Der verborgene Dialog zwischen Geist und Immunsystem

Das Immunsystem wird oft als die Verteidigungsarmee des Körpers beschrieben – ein riesiges Netzwerk aus Zellen, Geweben und Organen, das unermüdlich daran arbeitet, uns vor Infektionen, Toxinen und Zellschäden zu schützen. Doch nur wenige Menschen erkennen, dass der Befehlshaber dieser Armee nicht im Thymus oder in den Lymphknoten sitzt, sondern im Gehirn. Das Gehirn und das Immunsystem stehen in ständiger Kommunikation und tauschen Milliarden von Botschaften pro Sekunde über ein komplexes Netzwerk von Signalmolekülen aus. Dieser Dialog bestimmt, ob der Körper eine Abwehrreaktion startet, sich ausruht oder sich selbst repariert.

Über Jahrzehnte hinweg glaubten Wissenschaftler, dass Gehirn und Immunsystem getrennte Systeme seien. Das Gehirn galt als „immunprivilegiert", geschützt durch die Blut-Hirn-Schranke vor immunologischer Aktivität. Doch diese Vorstellung wurde inzwischen widerlegt. Heute wissen wir, dass Immunzellen die äußeren Schichten des Gehirns überwachen und dass Neuronen und Immunzellen ähnliche Rezeptoren für Hormone und Neurotransmitter besitzen. Das Gehirn sendet chemische Botschaften – wie Adrenalin und

Cortisol – die beeinflussen, wie sich Immunzellen verhalten. Im Gegenzug senden Immunzellen Zytokine zurück an das Gehirn, die beeinflussen, wie wir fühlen, denken und auf Stress reagieren. Das bedeutet, dass jeder emotionale Zustand – von Freude bis Angst – einen messbaren Einfluss auf die Immunaktivität hinterlässt.

Die Interpretation von Sicherheit oder Gefahr durch das Gehirn steht im Zentrum dieses Dialogs. Wenn das Gehirn eine Bedrohung wahrnimmt – sei sie körperlich, emotional oder sogar nur vorgestellt – aktiviert es die sogenannte Hypothalamus-Hypophysen-Nebennieren-Achse (HPA-Achse). Dadurch werden Stresshormone freigesetzt, die den Körper auf Kampf oder Flucht vorbereiten. In kurzen Momenten kann diese Reaktion lebensrettend sein. Doch wenn sie über längere Zeit aktiv bleibt, wird sie schädlich. Eine chronische Aktivierung der Stressreaktion führt zu dauerhaft erhöhten Cortisolwerten, was Immunzellen schwächt, den Thymus verkleinert und Entzündungen im gesamten Körper fördert. Diese niedriggradige systemische Entzündung gilt als eine der Hauptursachen für die meisten chronischen Krankheiten, darunter Herzkrankheiten, Diabetes, Autoimmunerkrankungen und sogar neurodegenerative Erkrankungen wie Alzheimer.

Dieses verborgene Gespräch zu verstehen ermöglicht es uns, bewusst darauf Einfluss zu nehmen. Der Geist kann die Aktivität des Immunsystems regulieren, indem er die Wahrnehmung verändert. Studien zur Achtsamkeitsmeditation zeigen beispielsweise, dass regelmäßige Praxis das C-reaktive Protein (CRP) und andere Entzündungsmarker im Blut reduziert. Ebenso wurde gezeigt, dass Visualisierungstechniken die Antikörperproduktion steigern und die Aktivität der sogenannten natürlichen Killerzellen (NK-Zellen) erhöhen – jene Zellen, die infizierte oder krebsartige Zellen zerstören. In diesen Fällen ist mentale Vorstellungskraft kein Wunschdenken, sondern biologisches Training. Das Gehirn kann nicht zwischen lebhaft vorgestellten Erfahrungen und realen unterscheiden und sendet unabhängig davon entsprechende chemische Signale an den Körper.

Neuroplastizität spielt eine zentrale Rolle bei der Neugestaltung dieser Kommunikation. Jedes Mal, wenn wir ruhig auf Stress reagieren, anstatt mit Angst oder Wut zu reagieren, verändern wir neuronale Schaltkreise, die die Stressreaktion des Körpers steuern. Dieses Training stellt nach und nach das Gleichgewicht im autonomen Nervensystem wieder her – dem Teil des Nervensystems, der unbewusste Prozesse wie Herzfrequenz, Verdauung und Immunaktivität reguliert. Wenn der parasympathische Zweig (Ruhe- und

Reparaturmodus) dominant wird, tritt der Körper in einen Heilungszustand ein. Zellen regenerieren sich, Entzündungen nehmen ab, und Immunreaktionen werden intelligenter und effizienter.

Um diese Fähigkeit zu nutzen, muss man zunächst ein Bewusstsein für die eigenen mentalen und emotionalen Zustände entwickeln. Viele Menschen leben in einem ständigen Zustand unterschwelligen Stresses, ohne es zu bemerken. Ihre Atmung bleibt flach, ihre Gedanken rasen, und ihr Körper ist ständig auf Konflikt vorbereitet. Diese mentale Spannung führt direkt zu einer Dysregulation des Immunsystems. Techniken wie Zwerchfellatmung, Meditation, Tagebuchschreiben und achtsame Selbstbeobachtung helfen dem Gehirn, unnötige Spannungen zu erkennen und loszulassen. Mit der Zeit wird diese Praxis zu einer unbewussten Gewohnheit – einer Gewohnheit, die das innere Umfeld aufrechterhält, das für Gesundheit und Regeneration notwendig ist.

Auch Ernährung, Schlaf und Bewegung beeinflussen den Dialog zwischen Gehirn und Immunsystem. Omega-3-Fettsäuren, Antioxidantien und pflanzenbasierte Nährstoffe reduzieren neuroinflammatorische Prozesse und unterstützen eine gesunde Neurotransmitterfunktion. Regelmäßige körperliche Aktivität fördert die Zirkulation von

Immunzellen, während qualitativ hochwertiger Schlaf dem Gehirn ermöglicht, Giftstoffe zu beseitigen und Immunprozesse neu zu regulieren. Doch der am meisten unterschätzte Faktor bleibt die Art und Weise, wie wir denken. Ein Körper, der durch gesunde Nahrung genährt wird, aber durch chronischen Stress vergiftet ist, kann nicht gedeihen.

Denken Sie in diesem Kapitel daran: Ihr Geist ist kein Passagier im Fahrzeug Ihres Körpers – er ist der Fahrer. Wenn Sie sich bewusst machen, wie Gedanken und Emotionen die Signale des Immunsystems beeinflussen, gewinnen Sie die Fähigkeit, Ihre Gesundheit von innen heraus zu steuern. Das Gespräch zwischen Ihrem Gehirn und Ihrem Immunsystem findet statt, ob Sie sich dessen bewusst sind oder nicht. Die Frage ist nur, ob Sie es automatisch weiterlaufen lassen – oder die Kontrolle über diesen Dialog übernehmen und ihn in Richtung Heilung lenken.

Wenn Sie lernen, Ihren Geist zu regulieren, beginnen Sie auch, Ihr Immunsystem zu regulieren. Diese Fähigkeit ist nichts Mystisches; sie ist biologische Bildung. Durch einfaches tägliches mentales Training können Sie messbare Verbesserungen in Ihrer Immunstärke, Energie und Widerstandsfähigkeit erreichen. Der erste Schritt ist Bewusstsein – die Fähigkeit, Ihren inneren Zustand ohne Urteil zu beobachten. Von dort aus führt der Weg zur

Meisterschaft, bei der Ihr Geist zu Ihrer stärksten Medizin wird.

Claras Symptome

Es begann mit Müdigkeit – einer Erschöpfung, die selbst durch Schlaf nicht verschwand. Monate lang hatte Clara sich bei der Arbeit immer stärker unter Druck gesetzt und den wachsenden Druck in ihrer Brust sowie die häufigen Erkältungen ignoriert, die immer öfter auftraten. Als ihr Arzt die üblichen Tests durchführte, kamen die Ergebnisse „normal" zurück. Keine Infektion, kein großer Mangel, kein Hinweis auf eine Krankheit. Doch Clara wusste, dass in ihrem Inneren etwas nicht stimmte.

Ihre Morgen waren von Anspannung erfüllt, noch bevor sie überhaupt die Augen öffnete. Sie wachte auf und erwartete bereits die Flut von E-Mails und die Erwartungen im Büro. Ihr Atem war flach, ihr Herz raste häufig. Sie tat es als Stress ab – etwas, das jeder habe. Doch sie wusste nicht, dass ihr Körper jeden ängstlichen Gedanken als Bedrohung interpretierte. Ihr Gehirn signalisierte ihrem Immunsystem, ständig in Alarmbereitschaft zu bleiben, und überschwemmte ihr Blut Tag für Tag mit Cortisol und entzündungsfördernden Zytokinen.

Eines Abends, nachdem sie erneut ein Abendessen mit ihrer Familie verpasst hatte, scrollte Clara durch einen Artikel mit dem Titel „Die Verbindung zwischen Gehirn und Immunsystem". Darin wurde behauptet, dass chronischer Stress das Immunsystem unterdrücken und selbst ohne Infektion Entzündungen auslösen könne. Sie war skeptisch, aber neugierig. Am nächsten Tag vereinbarte sie einen Termin mit einem Neurowissenschaftler, der zum Gesundheitscoach geworden war und sich auf Psychoneuroimmunologie spezialisiert hatte.

Während ihrer ersten Sitzung erklärte der Coach, dass Geist und Immunsystem ständig miteinander kommunizieren. „Ihr Körper kennt den Unterschied zwischen realer und vorgestellter Gefahr nicht", sagte er. „Wenn Ihre Gedanken voller Angst oder Frustration sind, sendet Ihr Gehirn Alarmsignale aus, als würden Sie angegriffen."

Er bat Clara, die Augen zu schließen und tief einzuatmen. Zunächst fühlte es sich gezwungen an. Doch nach einigen langsamen Einatmungen und langen Ausatmungen veränderte sich etwas. Ihre Schultern sanken leicht, und ihr Puls verlangsamte sich. „Sie haben gerade Ihre Immunaktivität verändert", sagte er. „Ihr Körper ist vom Verteidigungsmodus in den Reparaturmodus gewechselt. So beginnt Heilung."

In den folgenden Wochen praktizierte Clara jeden Morgen vor der Arbeit fünfzehn Minuten Achtsamkeit. Anfangs wanderten ihre Gedanken ständig ab. Doch nach und nach begann sie Muster zu erkennen – wie bestimmte Sorgen ein Ziehen im Magen auslösten oder wie Deadlines ihre Brust schwer machten. Sie lernte, diese Empfindungen zu benennen und durch sie hindurch zu atmen. Anstatt ihre Emotionen zu bekämpfen, beobachtete sie sie.

Mit der Zeit traten subtile Veränderungen auf. Ihre ständigen Erkältungen verschwanden. Die Hautreizungen, die sie jahrelang geplagt hatten, ließen nach. Ihr Schlaf verbesserte sich. Doch am meisten überraschte sie die Klarheit ihres Denkens. Zum ersten Mal seit Jahren fühlte sie sich ruhig genug, um Entscheidungen ohne Panik zu treffen. Sie begann zu verstehen, dass ihr Immunsystem nicht kaputt gewesen war – es war nur von widersprüchlichen Signalen ihres eigenen Geistes überwältigt worden.

Claras Arzt war von ihrer Veränderung überrascht. „Ihre Laborwerte sehen besser aus als je zuvor“, sagte er. „Was immer Sie tun, machen Sie weiter damit.“ Sie lächelte, denn sie wusste, dass ihre Medizin nicht aus einer Flasche kam, sondern aus ihrem Inneren. Ihr Coach hatte ihr geholfen zu erkennen, dass die Verbindung zwischen Gehirn und

Immunsystem keine abstrakte Theorie ist – sondern ein lebendiger Dialog, den sie beeinflussen kann.

Jahre später begann Clara, Stressbewältigungs-Workshops für andere Berufstätige zu geben. Sie erzählte ihre Geschichte nicht als Wunder, sondern als Beispiel dafür, was passiert, wenn das Gehirn lernt, freundlich mit dem Körper zu sprechen. Ihre Botschaft war einfach: Heilung beginnt, wenn wir aufhören, gegen uns selbst zu kämpfen.

Heute meditiert Clara noch immer jeden Morgen – nicht, weil sie krank ist, sondern weil sie weiß, dass es ihr Immunsystem stark hält. Sie betrachtet ihre Gedanken inzwischen wie Nährstoffe – jeder einzelne kann ihre Gesundheit nähren oder erschöpfen. Durch Bewusstsein und Übung entdeckte sie, dass die stärkste Form von Immunität innerer Frieden ist.

Indem Clara dies verstand, wurde sie zu ihrer eigenen Heilerin. Sie lernte, dass der verborgene Dialog zwischen Geist und Immunität nicht still ist – er ist nur subtil. Und wenn man schließlich lernt zuzuhören, beginnt der Körper in der Sprache von Gleichgewicht, Vitalität und dauerhafter Gesundheit zurückzusprechen.

Kapitel 2: Stress, Entzündungen und der Wendepunkt des Immunsystems

Stress ist nicht von Natur aus schädlich. In kleinen Dosen hält er uns wachsam, motiviert und fähig, auf die Herausforderungen des Lebens zu reagieren. Doch wenn Stress chronisch wird – wenn das Gehirn alltägliche Situationen als anhaltende Bedrohungen interpretiert – beginnen die Abwehrsysteme des Körpers zu versagen. Dieselben Mechanismen, die uns in Notfällen schützen, beginnen uns langsam von innen heraus zu zerstören.

Im Zentrum dieses Prozesses steht die Entzündung. Entzündung ist die natürliche Heilungsreaktion des Körpers. Wenn Gewebe verletzt wird oder eine Infektion auftritt, eilen Immunzellen zur betroffenen Stelle und setzen Signalmoleküle frei, die Zytokine genannt werden, um den Schaden einzudämmen. Für kurze Zeit ist dies vorteilhaft. Doch wenn Entzündungen chronisch werden, hören sie auf, schützend zu wirken, und beginnen, Schaden anzurichten. Chronischer Stress hält das Immunsystem dauerhaft „eingeschaltet" und überschwemmt den Körper mit entzündungsfördernden Chemikalien, selbst wenn keine echte Gefahr besteht.

Das Gehirn steuert diesen Prozess über die Hypothalamus-Hypophysen-Nebennieren-Achse (HPA-Achse) und das sympathische Nervensystem. Wenn Sie eine Bedrohung wahrnehmen, signalisiert Ihr Hypothalamus den Nebennieren, Cortisol und Adrenalin freizusetzen. Diese Hormone unterdrücken vorübergehend nicht lebenswichtige Funktionen wie Verdauung, Fortpflanzung und sogar die Regulation des Immunsystems, damit sich der Körper auf das Überleben konzentrieren kann. Sobald die Bedrohung vorbei ist, sollten die Cortisolwerte wieder sinken. Doch wenn der Stress nie endet, bricht dieser Rückkopplungsmechanismus zusammen. Der Körper bleibt in einem niedriggradigen Kampf-oder-Flucht-Modus gefangen, und das Immunsystem wird verwirrt – es schwankt zwischen Unterdrückung und Überaktivierung.

Dieses Ungleichgewicht führt zu einem paradoxen Zustand, in dem der Körper gleichzeitig entzündet und immungeschwächt ist. Sie könnten leichter krank werden, sich langsamer erholen oder Krankheiten entwickeln, die mit chronischen Entzündungen verbunden sind, wie Arthritis, Asthma, Reizdarmsyndrom oder Autoimmunerkrankungen. Im Gehirn stören langanhaltende Entzündungen das Gleichgewicht der Neurotransmitter und tragen zu Angstzuständen, Depressionen und kognitivem Abbau bei. Geist und Körper geraten gemeinsam in eine Spirale gegenseitiger Belastung – mentaler Stress fördert körperliche Entzündungen, und Entzündungen verstärken emotionale Instabilität.

Doch dieser Kreislauf kann umgekehrt werden. Der erste Schritt ist Bewusstsein: zu erkennen, dass Stress nicht nur emotional, sondern biologisch ist. Jeder ängstliche Gedanke, jede ungelöste Sorge sendet Wellen durch das Immunsystem. Wenn wir lernen, den Geist zu beruhigen, reduzieren wir die entzündlichen Signale, die das Gehirn an den Körper sendet. Deshalb sind Praktiken zur Stressreduktion – Meditation, langsame Atmung, Yoga, Spaziergänge in der Natur, Tagebuchschreiben – keine Luxusaktivitäten, sondern biologische Notwendigkeiten. Sie verändern buchstäblich die Chemie Ihres Immunsystems.

Wissenschaftliche Forschung bestätigt diese Verbindung. Studien von Harvard, UCLA und Johns Hopkins haben gezeigt, dass Achtsamkeitsmeditation die Werte von Interleukin-6 (IL-6), einem der wichtigsten Entzündungsmarker des Körpers, senken kann. Kontrollierte Atemtechniken aktivieren den Vagusnerv, stimulieren das parasympathische Nervensystem und versetzen den Körper in einen Zustand der Regeneration. Dankbarkeits- und Mitgefühlsübungen wurden mit höheren Spiegeln von Immunglobulin A (IgA) in Verbindung gebracht, einem Antikörper, der als erste Verteidigungslinie des Immunsystems dient. Diese Effekte sind nicht nur psychologisch – sie sind messbare physiologische Veränderungen.

Um die Stressreaktion neu zu trainieren, ist Beständigkeit wichtiger als Intensität. Schon fünf bis zehn Minuten täglicher Praxis können beginnen, neuronale Netzwerke neu zu verdrahten, die mit Ruhe und Widerstandskraft verbunden sind. Mit der Zeit lernt der Körper, das Leben anders zu interpretieren. Ein Stau löst keinen Cortisolanstieg mehr aus. Eine Meinungsverschiedenheit fühlt sich nicht mehr wie eine körperliche Bedrohung an. Wenn sich Ihre Wahrnehmung verändert, verändert sich auch Ihre Biochemie.

Auch die Ernährung spielt eine wichtige Rolle bei der Kontrolle von Entzündungen. Eine Ernährung mit vielen stark verarbeiteten Lebensmitteln, Zucker und Transfetten fördert entzündliche Prozesse. Lebensmittel hingegen, die reich an Omega-3-Fettsäuren, Antioxidantien und sekundären Pflanzenstoffen sind, helfen, überaktive Immunzellen zu beruhigen. Kurkuma, grüner Tee, Beeren, Blattgemüse und Olivenöl sind für ihre entzündungshemmenden Eigenschaften bekannt. Doch selbst die gesündeste Ernährung kann einen untrainierten Geist nicht vollständig ausgleichen. Wenn Ihr Gehirn in einem Kreislauf aus Angst oder Groll gefangen bleibt, bleiben auch die Entzündungen bestehen.

Das Ziel ist daher nicht, Stress vollständig zu beseitigen, sondern Ihre Beziehung zu ihm zu verändern. Wenn Sie Stress als Signal für Wachstum statt als Gefahr betrachten, interpretiert Ihr Gehirn ihn anders, und Ihr Immunsystem reagiert entsprechend. Eine stressige Situation wird zu einer Gelegenheit, Resilienz aufzubauen, anstatt eine Bedrohung für das Überleben zu sein. Dieser Perspektivwechsel ist nicht abstrakt – er hat messbare Auswirkungen auf Cortisolspiegel, Herzfrequenz und Immunfunktion.

Im Grunde ist chronische Entzündung die Art und Weise, wie der Körper ungelöste mentale Spannung ausdrückt. Es ist die biologische Botschaft Ihres Körpers: „Etwas in dir muss sich verändern." Wenn wir auf diese Botschaft hören und beginnen, unseren Geist so zu trainieren, dass er reagiert statt reflexhaft zu reagieren, bewegen wir uns vom Überleben zur Heilung. Der Geist wird zum Vermittler zwischen äußerem Chaos und innerem Frieden und hilft dem Immunsystem, sein Gleichgewicht wiederzufinden.

Daniels Weg zur Genesung

Als Daniels Gesundheit begann sich zu verschlechtern, schob er es zunächst auf das Alter. Mit fünfundvierzig war er ständig müde, seine Gelenke schmerzten, und sein Arzt stellte fest, dass sein Blutdruck langsam anstieg. Die Diagnose war nicht dramatisch – nur „chronische Entzündung" und „stressbedingte Erschöpfung". Doch Daniel konnte nicht verstehen, wie Stress ihn körperlich krank machen sollte. Er war daran gewöhnt. Er leitete ein erfolgreiches Unternehmen, arbeitete lange Stunden und glaubte immer, alles durchhalten zu können.

Erst als sich eine kleine Erkältung zu einer Lungenentzündung entwickelte, begann er aufmerksam zu werden. Als er im Krankenhausbett lag, an eine Infusion angeschlossen, musste Daniel sich eingestehen, dass etwas Tieferes nicht stimmte. Sein Geist kam nie zur Ruhe. Selbst zu Hause dachte er ständig an Fristen, Kunden und Konkurrenz. Sein Körper, so schien es, hatte schließlich genug.

Nach seiner Entlassung überwies ihn sein Arzt an ein Wellnesszentrum, das sich auf stressbedingte Erkrankungen spezialisiert hatte. Während seiner ersten Sitzung erklärte die Therapeutin – eine ruhig sprechende Frau namens Mariela – die Wissenschaft hinter seinen Symptomen. „Ihr Immunsystem und Ihr Gehirn stehen ständig miteinander in Verbindung“, sagte sie. „Jeder Gedanke an Druck oder Angst löst eine Kaskade von Stresshormonen aus. Mit der Zeit weiß Ihr Körper nicht mehr, wann er aufhören soll zu kämpfen.“

Sie zeichnete ein einfaches Diagramm, das zeigte, wie Cortisol und Adrenalin, die eigentlich schützen sollten, seinen Körper langsam erschöpften. „Sie leben seit Jahren im

Überlebensmodus“, fügte sie sanft hinzu. „Jetzt ist es Zeit, Ihrem Körper wieder beizubringen, dass er sicher ist.“

Daniel war skeptisch. Er hatte seine Karriere auf Disziplin und Produktivität aufgebaut, nicht auf Meditation oder Selbstfürsorge. Doch er erklärte sich bereit, es zu versuchen. Seine erste Aufgabe bestand darin, jeden Tag zehn Minuten ruhig zu sitzen und sich auf seine Atmung zu konzentrieren. Die ersten Sitzungen waren schwierig. Seine Gedanken rasten, und die Stille machte ihn unruhig. Doch Mariela ermutigte ihn, weiterzumachen. „Sie versuchen nicht, das Denken zu stoppen“, sagte sie. „Sie trainieren Ihr Nervensystem, der Ruhe wieder zu vertrauen.“

Wochen vergingen, und Daniel begann subtile Veränderungen zu bemerken. Er schlief wieder die ganze Nacht durch. Die ständige Enge in seiner Brust ließ nach. Er bemerkte, dass er innehielt, bevor er auf Stress reagierte. Bei der Arbeit hörte er auf, von einer Krise zur nächsten zu rennen, und begann Aufgaben zu delegieren, die er früher selbst kontrolliert hatte. Es war nicht nur sein Geist, der sich veränderte – sein Körper folgte. Sein Arzt stellte niedrigere Entzündungswerte und eine verbesserte Herzfrequenzvariabilität fest, ein Zeichen für reduzierten Stress.

Eines Tages bat Mariela ihn während einer Sitzung, sich an einen Moment tiefer Dankbarkeit zu erinnern. Daniel dachte an das Lachen seiner Tochter. Er schloss die Augen, stellte sich ihr Gesicht vor und spürte, wie sich Wärme in seiner Brust ausbreitete. Mariela erklärte, dass dieses Gefühl – echte Dankbarkeit – eine der schnellsten Möglichkeiten sei, Entzündungen zu senken und das Immunsystem zu stärken. „Ihr Körper hört zu, wenn Sie sich sicher fühlen", sagte sie. „Dankbarkeit signalisiert Ihrem Immunsystem, dass der Kampf vorbei ist."

Monate später war Daniels Veränderung deutlich sichtbar. Seine Haltung war aufrechter, seine Augen klarer, und seine Energie kehrte zurück. Wenn Kollegen ihn fragten, welches Nahrungsergänzungsmittel er nehme, lächelte er. „Ich habe einfach wieder gelernt zu atmen", sagte er. Doch die Wahrheit ging tiefer: Er hatte gelernt, anders zu denken.

Er betrachtete Stress nicht mehr als Feind, sondern als Signal. Immer wenn er spürte, dass Spannung aufkam, hielt er inne, atmete tief durch und erinnerte sich daran, dass er die Kontrolle über seine Reaktion hatte. Die Entzündung, die einst seinen Körper beherrschte, ließ nach, weil die Angst, die sie genährt hatte, verschwunden war.

Daniels Geschichte wurde zu einem Beispiel für eine tiefgreifende Wahrheit – dass chronische Krankheiten oft nicht im Körper beginnen, sondern im Geist. Indem er seine Gedanken neu trainierte, veränderte er seine Biologie. Seine Heilung geschah nicht plötzlich, sondern Schritt für Schritt, Atemzug für Atemzug.

Heute, wenn Daniel auf sein früheres Leben zurückblickt, sieht er es klar: die langen Nächte, die endlosen Sorgen, den selbst auferlegten Druck. All das war Entzündung in menschlicher Form. Heute kämpft sein Immunsystem nicht mehr gegen ihn. Es arbeitet mit ihm zusammen, geführt von einem Gehirn, das endlich verstanden hat, dass Frieden die stärkste Medizin von allen ist.

Kapitel 3: Neuroinflammation – Wenn sich das Gehirn entzündet

Wenn Menschen an Entzündungen denken, stellen sie sich geschwollene Gelenke oder eine Infektionsstelle vor – etwas Sichtbares und Äußeres. Doch eine der wichtigsten und zugleich am wenigsten verstandenen Formen von Entzündung findet im Gehirn selbst statt. Neuroinflammation ist der stille Störfaktor hinter vielen chronischen Erkrankungen, darunter Depressionen, Angststörungen, Alzheimer und das chronische Müdigkeitssyndrom. Sie bildet die verborgene Brücke zwischen emotionalem Stress und körperlicher Krankheit – ein Zustand, in dem die eigenen Immunzellen des Gehirns gegen es arbeiten und einen biochemischen Sturm auslösen, der jeden Gedanken, jede Emotion und jede Körperfunktion beeinflusst.

Im Gehirn befinden sich spezialisierte Immunzellen, die Mikroglia genannt werden. Diese Zellen wirken wie Wächter und patrouillieren ständig entlang der neuronalen Netzwerke, um Anzeichen von Infektionen, Giftstoffen oder Zellschäden zu erkennen. Wird eine Bedrohung entdeckt, aktivieren sie sich und setzen entzündliche Moleküle frei, um sie zu neutralisieren. Dieser Prozess ist gesund und notwendig – bis er sich nicht mehr abschaltet. Chronischer psychischer Stress, schlechte Ernährung, Schlafmangel und Umweltgifte können Mikroglia dauerhaft aktiviert halten. Mit der Zeit führt diese niedriggradige Neuroinflammation zu Schäden an Neuronen, stört die Kommunikation zwischen verschiedenen Gehirnregionen und verändert die Regulation von Stimmung und Emotionen.

Zytokine – die chemischen Botenstoffe der Entzündung – spielen hierbei eine entscheidende Rolle. Wenn sie im Übermaß produziert werden, stören sie Neurotransmitter wie Serotonin, Dopamin und Glutamat. Deshalb erleben Menschen mit Neuroinflammation oft nicht nur geistige Müdigkeit und Konzentrationsprobleme, sondern auch emotionale Veränderungen: Reizbarkeit, Depression, Angst und Motivationsverlust. Der Geist wird trüb – nicht nur im übertragenen Sinne, sondern biologisch. Das chemische Gleichgewicht des Gehirns wird buchstäblich durch entzündliche Signale verschoben.

Ein weiterer wichtiger Auslöser für Neuroinflammation ist die Darm-Gehirn-Achse. Darm und Gehirn sind über den Vagusnerv direkt miteinander verbunden und stehen in ständigem Austausch. Ein gestörtes Darmmikrobiom – häufig verursacht durch stark verarbeitete Lebensmittel, Zucker, Antibiotika oder chronischen Stress – kann zu einer erhöhten Durchlässigkeit der Darmwand führen, die als

„Leaky-Gut-Syndrom" bekannt ist. Dadurch gelangen Toxine und Bakterien in den Blutkreislauf und lösen Immunreaktionen aus, die auch das Gehirn erreichen. Das Ergebnis ist ein Kreislauf: Entzündungen im Darm verstärken Entzündungen im Gehirn und umgekehrt. Die Wiederherstellung einer gesunden Darmflora ist daher ein wichtiger Schritt zum Schutz geistiger Klarheit und emotionaler Stabilität.

Auch Schlaf spielt eine entscheidende Rolle bei der Vorbeugung von Neuroinflammation. Während des Tiefschlafs aktiviert sich das sogenannte glymphatische System des Gehirns – ein Reinigungsprozess, der Abfallstoffe und entzündliche Moleküle entfernt. Chronischer Schlafmangel unterbricht diesen Entgiftungsmechanismus, sodass sich toxische Proteine wie Beta-Amyloid ansammeln können. Diese Ansammlung trägt zu neurodegenerativen Erkrankungen bei und beeinträchtigt die Fähigkeit des Gehirns, Stimmung und Gedächtnis zu regulieren. Schlaf ist daher nicht nur Erholung – er ist neurologische Reparatur.

Eine der wirksamsten Methoden zur Verringerung von Neuroinflammation ist konsequentes mentales und körperliches Training. Achtsamkeit, Dankbarkeit und kontrollierte Atmung aktivieren das parasympathische Nervensystem und signalisieren dem Gehirn, entzündungshemmende Substanzen freizusetzen. Bewegung erhöht die Durchblutung des Gehirns und fördert die Freisetzung des sogenannten Brain-Derived Neurotrophic Factor (BDNF), der das Wachstum und die Reparatur von Nervenzellen unterstützt. Eine pflanzenbasierte, entzündungshemmende Ernährung, reich an Omega-3-Fettsäuren, Polyphenolen und Antioxidantien, verstärkt diesen Effekt zusätzlich.

Ebenso wichtig ist die emotionale Regulation. Unverarbeitete Wut, Groll oder Angst können Mikroglia über Jahre hinweg aktiv halten. Wenn wir alte Erinnerungen ständig wiederholen oder an emotionalen Konflikten festhalten, reagiert das Gehirn, als würde das Ereignis in diesem Moment stattfinden. Emotionale Heilung – durch Therapie, Vergebung und Selbstbewusstsein – beruhigt buchstäblich das Immunsystem im Gehirn.

Die Reduzierung von Neuroinflammation bedeutet nicht, Stress vollständig zu beseitigen, sondern die Kommunikation im Körper zu verbessern. Wenn Geist und Immunsystem beginnen zusammenzuarbeiten, kehren Mikroglia in ihren Ruhezustand zurück, Neuronen regenerieren sich, und der geistige Nebel verschwindet. Das Ergebnis sind klareres Denken, tiefere Ruhe und neue Vitalität. Indem Sie sich um das immunologische Umfeld Ihres Gehirns kümmern, stärken

Sie die Grundlage jedes anderen Systems in Ihrem Körper. Ein ruhiges Gehirn schafft einen ruhigen Körper – und ein ruhiger Körper erzeugt die Chemie langfristiger Gesundheit.

Wie Maria lernte, sich um ihren Geist zu kümmern

Jahrelang lebte Maria mit einem Nebel über ihrem Geist. Es war nicht genau Depression und auch nicht nur Erschöpfung. Es war etwas Tieferes – eine dumpfe mentale Trübung, die ihr überallhin zu folgen schien. Sie vergaß Namen, verlegte ihre Schlüssel und starrte manchmal auf ihren Computerbildschirm, ohne sich erinnern zu können, woran sie gerade arbeitete. Ihr Arzt nannte es „stressbedingte Erschöpfung" und empfahl Ruhe. Doch Ruhe half nicht.

Maria arbeitete als Grafikdesignerin und war stolz auf ihre Kreativität, doch in letzter Zeit schienen selbst einfache Projekte unmöglich. Sie trank mehr Kaffee, schlief weniger und arbeitete härter, überzeugt davon, dass sie sich aus diesem Nebel herausdenken könnte. Je mehr sie sich anstrengte, desto schlimmer wurde es. Kopfschmerzen, Reizbarkeit und Gedächtnisprobleme traten auf. Als sie eines Tages ihren Mann wegen vergessener Einkäufe anfuhr, sah sie die Sorge in seinen Augen und erkannte, dass sich etwas in ihr verändert hatte.

Eine enge Freundin schlug vor, einen funktionellen Neurologen aufzusuchen – einen Spezialisten, der verstand, wie Lebensstil und Emotionen die Gehirnchemie beeinflussen. Während der Untersuchung erklärte der Arzt, dass ihre Symptome mit Neuroinflammation übereinstimmten. „Die Immunzellen Ihres Gehirns sind überaktiv", sagte er. „Sie sollen Sie schützen, aber im Moment befinden sie sich im Angriffsmodus. Es ist, als gäbe es ein Feuer in Ihrem Gehirn, das nie ausgeht."

Er zeigte ihr eine Grafik der Mikroglia und Zytokine und erklärte, wie Stress, Ernährung und Schlafmangel diese Entzündung aufrechterhalten können. „Wenn Sie dauerhaft im Überlebensmodus bleiben", sagte er, „interpretiert das Gehirn alles als Bedrohung. Mit der Zeit beeinträchtigt diese Entzündung Gedächtnis, Konzentration und Stimmung. Sie sind nicht kaputt – Ihr Gehirn ist nur müde davon, ständig in Verteidigung zu sein."

Maria begann zu weinen. Jahrelang hatte sie sich selbst vorgeworfen, unmotiviert oder schwach zu sein. Nun verstand sie die biologischen Hintergründe ihres Zustands. Der Arzt gab ihr einen Plan: verarbeitete Lebensmittel vermeiden, Omega-3-Fettsäuren einnehmen, mindestens sieben Stunden schlafen, täglich spazieren gehen und zweimal täglich fünfzehn

Minuten tiefes Atmen praktizieren. Am wichtigsten war jedoch, dass sie lernen sollte, ihren Geist zur Ruhe zu bringen.

Die erste Woche war schwierig. Ihr Geist wehrte sich gegen die Stille. Als sie versuchte zu meditieren, sprangen ihre Gedanken überall hin. Doch sie blieb dran. Langsam begann sich der Nebel zu lichten. Sie bemerkte kleine Erfolge: den Namen eines Kunden wieder zu erinnern, ein Projekt pünktlich abzuschließen, leichter zu lachen. Ihr Mann bemerkte die Veränderung sogar vor ihr. „Du wirkst leichter", sagte er eines Abends. „Es ist, als ob deine Augen heller sind."

Nach zwei Monaten zeigten ihre Kontrolluntersuchungen reduzierte Entzündungswerte. Der Arzt erklärte, dass sich ihr Gehirn endlich erholte. „Ihre Mikroglia beruhigen sich", sagte er lächelnd. „Sie lernen, Ihnen wieder zu vertrauen."

Maria erkannte erst, wie sehr sie sich verändert hatte, als sie eines Nachmittags durch einen Park spazierte und bemerkte, wie lebendig die Farben der Bäume wirkten. Jahrelang hatte sie durch einen stumpfen Filter gelebt, ohne zu merken, wie sehr Entzündungen ihre Wahrnehmung und Emotionen gedämpft hatten. Jetzt wirkte alles wieder lebendig.

Sie erlebte noch immer stressige Tage, doch sie ging anders damit um. Wenn die Spannung stieg, schloss sie die Augen und atmete langsam und bewusst, bis sie spürte, wie sich ihr

Körper beruhigte. Sie ersetzte nächtliche Arbeitssitzungen durch Spaziergänge am Abend und tauschte ihren morgendlichen Kaffee gegen grünen Tee. Schritt für Schritt stellte sie ihre geistige Klarheit und ihr emotionales Gleichgewicht wieder her.

Jahre später wurde Maria zu einer Verfechterin der Gehirngesundheit. Sie begann auf Gesundheitsseminaren über Neuroinflammation und die Kraft mentalen Trainings zu sprechen. „Mein Gehirn zu heilen war wie das Reinigen einer beschlagenen Scheibe“, sagte sie oft. „Ich konnte mich endlich wieder klar sehen.“ Ihre Geschichte erinnerte andere daran, dass das, was wir „Stress“ oder „Stimmungsschwankungen“ nennen, oft ein biologisches Ungleichgewicht ist – ein Gehirn, das durch Jahre der Überlastung und Vernachlässigung entzündet wurde.

Heute hat Maria keine Angst mehr, ihre Konzentration zu verlieren. Sie weiß, wie sie sich um ihren Geist kümmern kann, so wie andere sich um ihren Körper kümmern – mit Geduld, guter Ernährung und Mitgefühl. Als sie ihr Gehirn heilte, entdeckte sie etwas Tiefes: Klarheit ist nicht nur ein Zustand des Geistes, sondern ein Zustand zellulärer Harmonie. Und diese Harmonie beginnt in dem Moment, in dem wir uns entscheiden, Frieden mit uns selbst zu schließen.

Kapitel 4: Emotionale Immunität: Wie Gefühle die körperliche Gesundheit formen

Jede Emotion, die Sie erleben, erzeugt eine physiologische Wirkung im gesamten Körper. Freude, Wut, Angst und Liebe sind nicht nur psychologische Ereignisse – sie sind chemische und elektrische Zustände, die das Verhalten Ihres Immunsystems direkt beeinflussen. Emotionen verändern Herzfrequenz, Hormonproduktion, Blutfluss und sogar die Genexpression. In diesem Sinne ist emotionale Meisterschaft nicht nur eine mentale Disziplin – sie ist ein Training des Immunsystems auf tiefster Ebene.

Wenn Sie Stress oder Wut empfinden, setzt Ihr Körper Cortisol und Adrenalin frei und bereitet sich auf das Überleben vor. Diese Hormone unterdrücken bei anhaltender Aktivität die Immunfunktion und fördern Entzündungen. Wenn Sie jedoch Dankbarkeit oder Mitgefühl empfinden, produziert Ihr Körper Oxytocin, Serotonin und Endorphine – chemische Stoffe, die die Immunabwehr stärken, Entzündungen reduzieren und Heilungsprozesse fördern. Jedes Gefühl, das Sie kultivieren, wird zu einer biochemischen Anweisung für Ihre Zellen und lenkt sie entweder in Richtung Verteidigung oder Regeneration.

Das Konzept der „emotionalen Immunität" beschreibt die Fähigkeit des Körpers, unter emotionalem Stress ausgeglichen und widerstandsfähig zu bleiben. Es geht nicht darum, Emotionen zu unterdrücken, sondern sie intelligent zu regulieren. Emotionale Unterdrückung – nach außen ruhig wirken, während innerlich Wut oder Frustration brodelt – erhöht nachweislich Entzündungen und Blutdruck. Emotionale Regulation – Gefühle anzuerkennen, ohne sie das Verhalten bestimmen zu lassen – schafft eine Kohärenz zwischen Gehirn und Herz, einen physiologischen Zustand, der mit einer verbesserten Immunreaktion und einem stabileren Hormonhaushalt verbunden ist.

Im Zentrum dieser Verbindung steht der Vagusnerv – die Kommunikationsautobahn zwischen Gehirn, Herz und Immunsystem. Wenn der Vagusnerv durch ruhige Atmung, Lachen, Singen oder Meditation stimuliert wird, sendet er ein Sicherheitssignal durch den gesamten Körper. Dadurch wird das parasympathische Nervensystem aktiviert, Cortisol sinkt, und entzündungsfördernde Zytokine werden reduziert. Mit der Zeit wird die Stärkung des sogenannten Vagustonus zu einer der wirksamsten Methoden, um die Widerstandskraft des Immunsystems und die emotionale Stabilität zu erhalten.

Forschung bestätigt immer wieder diese Verbindung zwischen Emotion und Immunität. In einer Studie zeigten Teilnehmer, die acht Wochen lang täglich ein Dankbarkeitstagebuch führten, eine Verringerung der Stresshormone um 23 Prozent sowie höhere Spiegel von Immunglobulin A (IgA), einem Antikörper, der für die Bekämpfung von Infektionen entscheidend ist. Andere Studien zeigen, dass Menschen, die Optimismus und soziale Verbundenheit pflegen, sich schneller von Krankheiten erholen, besser auf Impfungen reagieren und niedrigere Werte chronischer Entzündungen aufweisen. Positive Emotionen programmieren das Verhalten von Immunzellen buchstäblich auf genetischer Ebene neu und verbessern ihre Reaktionsfähigkeit und Lebensdauer.

Emotionale Immunität entsteht jedoch nicht durch Verdrängung oder erzwungene Positivität. Wahre emotionale Stärke entsteht durch Integration – die Fähigkeit, Emotionen vollständig zu erleben, ihre Botschaft zu verstehen und sie dann loszulassen. Jede Emotion enthält Informationen. Angst signalisiert Vorsicht. Wut zeigt, dass eine Grenze überschritten wurde. Traurigkeit lädt zur Reflexion und Erneuerung ein. Wenn wir Emotionen respektieren statt sie abzulehnen, verhindern wir, dass sie zu chronischem physiologischem Stress werden.

Ein praktischer Weg, emotionale Immunität aufzubauen, ist Achtsamkeit und Selbstreflexion. Wenn eine starke Emotion entsteht, halten Sie inne, bevor Sie reagieren. Beobachten Sie die Empfindung in Ihrem Körper: die Enge in der Brust, den schnelleren Puls, die Hitze im Gesicht. Anstatt sich dagegen zu wehren, atmen Sie bewusst hinein. Diese bewusste Wahrnehmung ermöglicht es Ihrem Nervensystem, die Emotion sicher zu verarbeiten. Mit der Zeit lernt Ihr Körper, dass emotionale Wellen keine Bedrohung sind – sondern Energie in Bewegung.

Vergebung ist ein weiterer kraftvoller Regulator des Immunsystems. Groll und Bitterkeit halten die Stresschemie im Körper aktiv und lassen ihn in einem Zustand ständiger Wachsamkeit verharren. Vergebung hingegen löst diese biochemische Belastung. Studien zeigen, dass Menschen, die Vergebung praktizieren, einen niedrigeren Blutdruck, stärkere Immunmarker und geringere Entzündungswerte aufweisen. Loslassen ist keine Schwäche – es ist Befreiung für Ihre Biologie.

Emotionale Immunität zu entwickeln bedeutet, einen Körper zu schaffen, der sich sicher fühlt, selbst wenn das Leben unsicher erscheint. Es bedeutet, emotionale Stürme in Signale für Selbstregulation und Wachstum zu verwandeln. Das Immunsystem gedeiht in einer inneren Umgebung aus Frieden, Vertrauen und Verbundenheit. Wenn Sie lernen, Emotionen bewusst zu steuern, senden Sie Ihren Zellen eine einfache, aber kraftvolle Botschaft: Wir sind sicher, wir können heilen, und wir sind vollständig.

Ashas Gefühle

Aisha war für ihre Gelassenheit bekannt. Bei der Arbeit blieb sie selbst unter Druck ruhig und war immer diejenige, an die sich ihr Team in Krisensituationen wandte. Doch hinter ihrer gefassten Fassade trug sie eine unsichtbare Last. Jahre lang hatte sie Frustrationen unterdrückt – ungelöste Konflikte, unausgesprochene Enttäuschungen und Gefühle, die sie still hinunterschluckte. Allmählich begann ihr Immunsystem zu schwächeln. Sie erkältete sich leicht, ihre Energie nahm ab, und unerklärliche Hautausschläge traten auf. Ärzte führten Tests durch, doch alles sah „normal“ aus.

Eines Tages, während sie auf einen weiteren Facharzttermin wartete, stieß Aisha auf einen Vortrag über „Die Biologie der Emotionen“. Der Referent, ein Neurowissenschaftler, erklärte, dass chronische emotionale Unterdrückung zu Entzündungen führt. „Unausgesprochene Emotionen“, sagte er, „verschwinden nicht. Sie bleiben im Körper und zeigen sich als Müdigkeit, Spannung und Krankheit.“ Diese Worte trafen sie wie ein Blitz. Sie erkannte, dass ihr Körper all das ausdrückte, was ihre Stimme nie ausgesprochen hatte.

Am selben Abend begann Aisha, Tagebuch zu schreiben. Sie schrieb ohne Filter und ließ Jahre von Groll, Wut, Traurigkeit und Angst herausfließen. Zum ersten Mal erkannte sie, wie viel sie in sich hineingefressen hatte. Sie war nicht schwach oder gebrochen – sie war überlastet. Während sie schrieb, bemerkte sie, wie ihr Atem tiefer wurde, ihre Schultern sich entspannten und sich ein Gefühl der Erleichterung in ihrem Körper ausbreitete.

In der folgenden Woche schloss sie sich einer geführten Meditationsgruppe an, die sich auf emotionale Befreiung und Selbstmitgefühl konzentrierte. Während der Sitzungen lehrte der Kursleiter eine Atemübung zur Aktivierung des Vagusnervs: eine langsame Einatmung durch die Nase, eine sanfte Ausatmung durch leicht gespitzte Lippen, gefolgt von einer kurzen Pause. „Das signalisiert Ihrem Körper, dass Sie sicher sind“, erklärte der Leiter. „Wenn Ihr Körper sich sicher fühlt, beginnt Ihr Immunsystem zu reparieren.“

Anfangs erschien ihr diese Idee abstrakt. Doch nach einigen Wochen bemerkte Aisha, wie sich ihre chronische Anspannung löste. Ihre Verdauung verbesserte sich, ihre Haut klärte sich, und ihr Schlaf wurde tiefer. Sie begann häufiger zu lächeln – echte, ungezwungene Lächeln, die von innen kamen. Sie erkannte, dass Ruhe nicht die Abwesenheit von Emotionen ist, sondern ihre Integration.

Ein Wendepunkt kam, als sie sich an eine schmerzhafte Erinnerung aus der Vergangenheit erinnerte – den Verrat einer engen Freundin. Jahrelang hatte sie an dieser Bitterkeit festgehalten und die Szene immer wieder durchgespielt, sobald sie sich verletzt fühlte. Dieses Mal jedoch entschied sie sich, angeleitet von ihrer Meditationslehrerin, die Situation anders zu betrachten. Sie stellte sich vor, wie sie die Wut losließ – nicht weil der Verrat akzeptabel war, sondern weil das Festhalten daran ihr nicht mehr diente. Tränen liefen über ihr Gesicht, als sie flüsterte: „Ich vergebe dir.“ In diesem Moment veränderte sich etwas in ihr.

In den folgenden Tagen fühlte sich Aisha leichter, als hätte ihr Körper Jahre unsichtbarer Rüstung abgelegt. Ihr nächster Bluttest zeigte eine überraschende Verbesserung – ihre Entzündungswerte waren deutlich gesunken. Ihr Arzt, verwundert, fragte, was sie anders gemacht habe. „Ich habe einfach aufgehört, gegen meine Gefühle zu kämpfen“, sagte sie leise.

Monate später begann Aisha selbst Workshops über emotionale Heilung und Immunität zu leiten. Sie erzählte ihre Geschichte offen und erklärte, dass Emotionen keine Feinde sind, die unterdrückt werden müssen, sondern Botschafter, die verstanden werden wollen. „Wenn Sie das respektieren, was

Sie fühlen“, sagte sie ihren Teilnehmern, „hört Ihr Körper auf, nach Ihrer Aufmerksamkeit zu schreien.“

Ihr Leben veränderte sich – nicht weil sie Stress aus ihrem Leben entfernte, sondern weil sie lernte, ihm mit Bewusstsein statt Widerstand zu begegnen. Sie erlebte weiterhin Herausforderungen bei der Arbeit, familiäre Spannungen und Momente der Traurigkeit, doch ihr Körper reagierte nicht mehr mit Entzündung. Stattdessen atmete sie bewusst durch diese Momente und wusste, dass jede Emotion einfach Energie ist, die durch ihr System fließt.

Heute strahlt Aishas Ruhe auf eine andere Weise. Es ist nicht mehr die starre Kontrolle, mit der sie einst ihren Schmerz verborgen hatte, sondern eine entspannte Zuversicht, die aus Selbstakzeptanz entsteht. Sie versteht, dass wahre Stärke nicht bedeutet, niemals zu zerbrechen – sondern zu wissen, wie man sich wieder zusammensetzt.

Ihre Gesundheit, einst zerbrechlich, wurde zu einem Spiegel ihres inneren Friedens. Durch ihre Reise entdeckte Aisha etwas, das die Wissenschaft erst seit Kurzem vollständig versteht: Emotionen sind nicht abstrakt – sie sind molekular. Indem sie ihr emotionales Leben veränderte, veränderte sie ihre Biologie. Ihr Immunsystem heilte nicht nur – es entwickelte sich weiter.

Und mit jedem tiefen Atemzug und jedem Akt der Vergebung flüsterte ihr Körper dieselbe Botschaft, die ihr Herz immer schon gekannt hatte: Frieden ist die stärkste Form von Immunität.

Kapitel 5: Der Neustart von Geist und Körper: Gesundheit durch bewusstes Bewusstsein neu programmieren

Der natürliche Zustand des Körpers ist Gesundheit. Jede Zelle ist darauf ausgelegt, Gleichgewicht zu bewahren – sich zu reparieren, zu regenerieren und anzupassen. Dennoch leben viele Menschen in einem Zustand chronischer Dysbalance, weil der Geist dem Körper ständig widersprüchliche oder schädliche Signale sendet. Dieser Zustand der Trennung ist die eigentliche Ursache vieler chronischer Krankheiten. Der Schlüssel zur Umkehr liegt darin, zu lernen, die Verbindung zwischen Geist und Körper bewusst zurückzusetzen, sodass beide Systeme zusammenarbeiten, statt gegeneinander zu wirken.

Ihr Gehirn ist nicht nur das Kontrollzentrum Ihres Nervensystems – es ist auch der Übersetzer Ihres inneren Dialogs. Jeder Gedanke wird zu einem biochemischen Signal, das dem Körper sagt, wie er reagieren soll. Wenn Sie ängstliche oder selbstkritische Gedanken denken, interpretiert das Gehirn Gefahr und aktiviert Stresschemie. Wenn Sie Gedanken von Sicherheit, Dankbarkeit oder Vertrauen denken, aktiviert das Gehirn Heilungschemie. Dieser Prozess läuft ständig ab und beeinflusst Ihre Immunfunktion,

Verdauung, Herz-Kreislauf-Gesundheit und Ihren Hormonhaushalt.

Der „Neustart von Geist und Körper“ beginnt mit Bewusstsein. Man kann nicht verändern, was man nicht bemerkt. Viele Menschen leben in automatischen Mustern von Anspannung, Angst oder übermäßigem Denken, ohne zu erkennen, dass ihr mentaler Zustand dem Körper signalisiert, im Überlebensmodus zu bleiben. Der erste Schritt zur Heilung besteht darin, diese unbewussten Schleifen zu beobachten. Achten Sie darauf, wie sich Ihre Schultern anspannen, wenn Sie Druck spüren, oder wie Ihr Atem flach wird, wenn Sie einen Konflikt erwarten. Das sind Zeichen dafür, dass Ihr Nervensystem den Alltag fälschlicherweise als Gefahr interpretiert.

Sobald Bewusstsein entsteht, folgt der nächste Schritt: Regulation. Bewusste Atmung ist der direkteste Weg, die Physiologie des Körpers zurückzusetzen. Eine einfache Übung, bekannt als die 4–6-Atemtechnik – vier Sekunden einatmen und sechs Sekunden ausatmen – stimuliert den Vagusnerv und aktiviert das parasympathische Nervensystem. Innerhalb weniger Minuten verlangsamt sich die Herzfrequenz, der Blutdruck sinkt und der Cortisolspiegel nimmt ab. Wenn man diese Technik mehrmals täglich praktiziert, lernt das Gehirn,

Ruhe mit Sicherheit zu verbinden, und programmiert die Stressreaktion des Körpers allmählich neu.

Bewegung und Körperhaltung sind ebenfalls entscheidend für diesen Neustart. Wenn der Körper zusammengesunken oder angespannt ist, verstärkt dies Gefühle von Schwere und Müdigkeit. Aufrecht zu stehen, die Wirbelsäule zu strecken und langsame, rhythmische Bewegungen zu praktizieren – wie Yoga, Tai Chi oder achtsames Gehen – sendet Signale von Selbstvertrauen und Sicherheit an das Gehirn. Das Nervensystem spiegelt die Haltung des Körpers wider. Eine Veränderung der Körperhaltung verändert die Wahrnehmung, und diese verändert wiederum die Biochemie.

Visualisierung und bewusstes Denken bilden die nächste Ebene der Neuprogrammierung. Das Gehirn kann lebhaft vorgestellte Erfahrungen nicht von realen unterscheiden, weshalb Visualisierung gezielt für Heilungsprozesse eingesetzt werden kann. Studien zeigen, dass geführte Vorstellungsübungen Schmerzen reduzieren, die Wundheilung beschleunigen und die Immunreaktion verbessern können. Wenn Sie sich vorstellen, dass Ihre Organe perfekt funktionieren, Ihre Immunzellen effizient arbeiten oder Ihr Körper von Licht und Gleichgewicht erfüllt ist, senden Sie eine biologische Anweisung, die neuronale und immunologische Aktivität auf Wiederherstellung ausrichtet.

Um diese Transformation zu verstärken, ist es wichtig, gespeicherte emotionale Energie zu lösen. Emotionale Erinnerungen bleiben im Körper oft als Muskelspannung, flache Atmung oder chronische Schmerzen gespeichert. Techniken wie Tagebuchschreiben, Atemarbeit und somatische Übungen helfen, den Körper von diesen alten Mustern zu befreien. Das lindert nicht nur körperliche Beschwerden, sondern klärt auch den Geist und schafft Raum für neue Muster von Ruhe und Vitalität.

Der letzte Schritt beim Neustart von Geist und Körper ist Beständigkeit. Veränderung entsteht durch Wiederholung. So wie das Gehirn durch jahrelangen Stress in Angst und Krankheit trainiert werden kann, kann es durch tägliche Praxis wieder in Richtung Frieden und Widerstandskraft trainiert werden. Beginnen Sie jeden Morgen mit einem Moment der Stille – atmen Sie, zentrieren Sie sich und setzen Sie die Absicht für bewusste Gelassenheit. Halten Sie im Laufe des Tages immer wieder inne, spüren Sie in Ihren Körper hinein und korrigieren Sie Ihre Haltung oder Atmung, sobald Spannung entsteht. Mit der Zeit lernt Ihr Nervensystem, automatisch im Gleichgewicht zu bleiben.

Der Neustart von Geist und Körper bedeutet nicht Kontrolle, sondern Kommunikation. Wenn Sie lernen, auf die Signale Ihres Körpers zu hören und bewusst darauf zu reagieren, entsteht eine Partnerschaft mit Ihrer Biologie. Heilung wird dann zu einem Dialog und nicht zu einem Kampf. Indem Sie bewusst Signale von Sicherheit, Frieden und Vertrauen senden, stellen Sie die natürliche Fähigkeit Ihres Körpers wieder her, sich selbst zu heilen. Gesundheit wird nicht erzwungen – sie wird durch Bewusstsein wiederentdeckt.

Ethans Neuverdrahtung

Ethan hielt sich immer für gesund. Er trainierte regelmäßig, ernährte sich gut und war stolz auf seine Disziplin. Doch mit der Zeit begann sein Körper zu rebellieren. Der Schlaf wurde unruhig, die Verdauung unberechenbar, und seine einst konstante Energie verschwand. Sein Arzt verschrieb Nahrungsergänzungsmittel und riet ihm, weniger Koffein zu trinken, doch nichts änderte sich. Tief in seinem Inneren vermutete Ethan, dass das Problem nicht körperlich, sondern mental war. Er lebte in ständiger Anspannung, selbst wenn nichts falsch lief. Sein Geist raste ständig, und sein Körper blieb angespannt.

Eines Abends, nach einer weiteren schlaflosen Nacht, hörte er einen Podcast mit dem Titel „Die Neuverdrahtung der Verbindung zwischen Geist und Körper“. Die Gastsprecherin, eine Neurowissenschaftlerin, erklärte, wie chronischer Stress eine Rückkopplungsschleife zwischen Gehirn und Körper erzeugt, die Menschen im Überlebensmodus festhält. „Man kann nicht in demselben mentalen Zustand heilen, der einen krank gemacht hat“, sagte sie. „Man muss dem Körper wieder beibringen, wie sich Sicherheit anfühlt.“

Dieser Satz ließ ihn tagelang nicht los. Dem Körper Sicherheit beibringen. Ethan erkannte, dass er gelebt hatte, als wäre überall Gefahr – rasende Gedanken, enge Fristen, hastige Mahlzeiten und Training bis zur völligen Erschöpfung. Sein Körper funktionierte nicht falsch; er versuchte nur, ihn vor seinem eigenen Lebensrhythmus zu schützen.

Entschlossen, etwas zu verändern, meldete sich Ethan zu einem Workshop für Achtsamkeit und Atemarbeit an. Am ersten Tag bat der Kursleiter die Teilnehmer, die Augen zu schließen, langsam zu atmen und einfach ihren Körper zu spüren. Innerhalb weniger Sekunden fühlte Ethan eine Welle von Unbehagen. Sein Geist wollte handeln, analysieren, Probleme lösen. Die Stille war fast unerträglich. Die Stimme des Kursleiters blieb ruhig: „Bekämpfen Sie es nicht. Beobachten Sie nur. Bewusstsein selbst beginnt den Neustart.“

In den folgenden Wochen übte Ethan täglich. Anfangs fühlte es sich mechanisch an – vier Sekunden einatmen, sechs Sekunden ausatmen. Doch bald begann sich etwas zu verändern. Die Morgen, die früher von Anspannung geprägt waren, begannen mit Ruhe. Seine Gedanken wurden langsamer. Sein Körper, einst angespannt, begann sich zu entspannen. Er bemerkte, dass seine Verdauung besser wurde und seine Energie länger anhielt, wenn er auf seinen Atem achtete.

Ermutigt begann er, mit Visualisierung zu experimentieren. Jeden Abend vor dem Schlafengehen stellte er sich vor, wie sein Gehirn und sein Körper klar miteinander kommunizierten – sein Geist sendete Signale von Frieden, und sein Immunsystem reagierte mit Harmonie. Er stellte sich Licht vor, das durch seinen Körper floss und Spannungen aus seiner Brust und seinem Bauch löste. Zu seiner Überraschung begann er, zum ersten Mal seit Jahren tief zu schlafen.

Eines Tages, während einer Wanderung, bemerkte er, dass er langsam ging und den Rhythmus seiner Schritte und das Geräusch des Windes in den Bäumen wahrnahm. Zum ersten Mal seit langer Zeit rannte er nicht mehr einem Ziel hinterher. Er war einfach präsent. Sein Körper fühlte sich leichter an, als hätte er jahrelang darauf gewartet, dass Ethan aufhört, gegen ihn zu kämpfen.

Nach mehreren Monaten war Ethans Veränderung unübersehbar. Sein Blutdruck sank, seine Verdauung normalisierte sich, und die chronische Müdigkeit verschwand.

Doch die größte Veränderung war nicht messbar – es war das Gefühl in seinem Inneren. Die Angst, die früher in seiner Brust lebte, hatte sich in eine ruhige Zuversicht verwandelt. „Mein Körper vertraut mir endlich wieder“, sagte er einmal zu einem Freund.

Neugierig begann Ethan, mehr über die wissenschaftlichen Hintergründe seiner Erfahrung zu lernen. Er erfuhr, dass seine konsequenten Atem- und Achtsamkeitsübungen seinen Vagustonus erhöht, seine HPA-Achse ausgeglichen und Entzündungsmarker gesenkt hatten. Sein Nervensystem hatte sich buchstäblich neu programmiert, das Leben als sicher statt gefährlich zu interpretieren.

Später wurde Ethan selbst Gesundheitscoach und brachte anderen bei, ihre Verbindung zwischen Geist und Körper wiederherzustellen. Seine Geschichte erzählte er offen: „Früher dachte ich, Gesundheit bedeutet Kontrolle – härter arbeiten, sauberer essen, länger durchhalten. Doch echte Gesundheit begann in dem Moment, als ich aufhörte zu kontrollieren und anfing zuzuhören.“

Er brachte seinen Klienten dieselbe Atemübung bei, die sein Leben verändert hatte. Manche waren anfangs skeptisch, so wie er es gewesen war. Doch nach einigen Wochen berichteten auch sie von besserem Schlaf, weniger Kopfschmerzen und mehr innerer Ruhe. Ethan wusste nun, dass Heilung nichts ist, das man erzwingt – sie ist etwas, das man zulässt.

Heute sitzt er jeden Morgen still, bevor er seinen Tag beginnt, legt die Hände auf seine Brust und schließt die Augen. Er atmet tief und spürt, wie sich sein Herzschlag mit seinem Atem synchronisiert. „Ich bin sicher", flüstert er. „Ich bin in Frieden." Sein Körper antwortet sofort, als würde er zurückflüstern: „Ich weiß."

Durch seine Reise lernte Ethan, dass Geist und Körper keine getrennten Systeme sind, sondern Spiegel voneinander. Wenn eines heilt, folgt das andere. Seine Geschichte wurde zum Beweis dafür, dass Bewusstsein nicht passiv ist – es ist die stärkste Medizin überhaupt. Indem er seinem Körper die Sprache der Ruhe beibrachte, aktivierte er die natürliche Intelligenz in sich, die schon immer darauf gewartet hatte, Gleichgewicht, Energie und Leben wiederherzustellen.

Kapitel 6: Der Heilungszustand – Die natürlichen Reparatursysteme des Körpers aktivieren

Heilung ist nichts, das man erzwingt – sie ist etwas, das man zulässt. Der menschliche Körper ist darauf ausgelegt, sich selbst zu heilen. Jeden Tag reparieren Zellen DNA-Schäden, Immunzellen zerstören Krankheitserreger, und Gewebe regenerieren sich. Doch wenn Geist und Körper in einem chronischen Zustand von Stress oder Angst gefangen sind, schalten sich diese Heilungsmechanismen ab. Die Energie, die eigentlich für Reparatur vorgesehen ist, wird für Verteidigung verwendet. Der „Heilungszustand" ist das biologische Gegenteil des „Stresszustands". Es ist der Modus, in dem der Körper sich selbst wiederherstellt, geleitet von Signalen von Sicherheit, Vertrauen und Frieden.

Wenn der Körper Sicherheit wahrnimmt, übernimmt das parasympathische Nervensystem die Kontrolle. Die Herzfrequenz verlangsamt sich, der Blutdruck sinkt, die Verdauung verbessert sich, und Entzündungen gehen zurück. Das Immunsystem wechselt vom Angriffsmodus in den Erhaltungsmodus, repariert beschädigtes Gewebe und stellt das Gleichgewicht wieder her. Hormone wie Serotonin und Oxytocin werden freigesetzt und fördern Ruhe sowie emotionale Verbundenheit. Der Geist wird klar, und der Körper beginnt sich zu regenerieren. Das ist der Heilungszustand – ein physiologisches Umfeld von Wiederherstellung und Balance.

Eine der direktesten Methoden, diesen Zustand zu aktivieren, ist bewusste Entspannung. Viele Menschen glauben, Entspannung bedeute einfach still zu sitzen oder fernzusehen. Doch echte Entspannung ist ein gezieltes Zurücksetzen des Nervensystems. Techniken wie Zwerchfellatmung, geführte Meditation oder progressive Muskelentspannung senden dem Körper die Botschaft, dass es sicher ist zu ruhen. Innerhalb weniger Minuten beginnen die Stresshormone zu sinken. Wenn man diese Praxis täglich wiederholt, gewöhnt sich der Körper daran, den Heilungszustand auch in stressigen Situationen leichter zu erreichen.

Visualisierung verstärkt diesen Prozess. Studien aus der Psychoneuroimmunologie zeigen, dass sich Immunmarker verbessern, wenn Menschen sich vorstellen, wie ihr Körper heilt – etwa wenn sie sich Licht vorstellen, das durch ihre Organe fließt, oder Zellen, die sich regenerieren. Das Gehirn reagiert auf Bilder so, als wären sie Realität. Wenn Sie sich lebhaft vorstellen, ruhig, gesund und voller Energie zu sein, spiegelt der Körper dieses Bild durch biochemische

Reaktionen wider. Der Geist entwirft den Plan – der Körper setzt ihn um.

Ein weiterer kraftvoller Weg in den Heilungszustand ist Dankbarkeit. Dankbarkeit verlagert die Aktivität im Gehirn von der Amygdala – dem Zentrum der Angst – zum präfrontalen Kortex, der für ruhiges Denken und emotionale Regulation verantwortlich ist. Diese Veränderung reduziert Cortisol und erhöht Dopamin und Serotonin. Tägliche Dankbarkeitsübungen, ob durch Schreiben oder stille Reflexion, lehren den Körper, Ruhe mit Fülle statt mit Bedrohung zu verbinden. Mit der Zeit wird Dankbarkeit zu einem biologischen Signal, das Heilung aktiviert.

Auch Schlaf ist ein zentraler Bestandteil des Heilungszustands. Während des Tiefschlafs führt der Körper wichtige Reparaturprozesse durch: Immunzellen entfernen Giftstoffe, die Leber verarbeitet Abfallstoffe, und das Gehirn konsolidiert Erinnerungen und reinigt Entzündungsstoffe über das glymphatische System. Ohne ausreichenden Schlaf bleibt der Körper chemisch aus dem Gleichgewicht und kann sich nicht vollständig regenerieren. Deshalb hilft eine Abendroutine – gedimmtes Licht, langsame Atmung und keine Bildschirme – dem Nervensystem, sich auf die Regeneration vorzubereiten.

Ernährung und Bewegung spielen ebenfalls eine wichtige Rolle. Lebensmittel, die reich an Antioxidantien, Mineralstoffen und gesunden Fetten sind, reduzieren oxidativen Stress und liefern die Bausteine für die Reparatur von Gewebe. Sanfte Bewegungsformen wie Dehnen, Spazierengehen oder Tai Chi verbessern die Durchblutung und Sauerstoffversorgung – beides entscheidend für Heilungsprozesse. Ebenso wichtig ist jedoch die innere Haltung: Bewegung nicht als Anstrengung oder Pflicht zu betrachten, sondern als Ausdruck von Dankbarkeit für die Fähigkeit des Körpers, sich zu bewegen.

Der letzte und vielleicht tiefste Schlüssel zum Eintritt in den Heilungszustand ist Hingabe. Heilung kann nicht stattfinden, wenn wir uns ständig gegen unseren Körper wehren. In dem Moment, in dem wir aufhören zu kämpfen und beginnen, der Intelligenz unseres Körpers zu vertrauen, fließt die Energie wieder dorthin, wo sie gebraucht wird – zur Reparatur. Hingabe bedeutet nicht Aufgeben, sondern Erlauben. Wenn der Geist das Bedürfnis nach Kontrolle loslässt, erinnert sich der Körper daran, wie er sich selbst heilen kann.

Heilung ist kein Geheimnis – sie ist der natürliche Rhythmus des Körpers. Das Ziel besteht nicht darin, Heilung zu erschaffen, sondern das zu entfernen, was sie blockiert: Angst, Anspannung, Selbstkritik und Zweifel. Wenn diese durch

Ruhe, Bewusstsein und Vertrauen ersetzt werden, folgt die Biologie automatisch. Im Heilungszustand verlangsamt sich die Zeit, der Atem wird tiefer, und die Weisheit des Körpers erwacht. Hier beginnt wahre Regeneration – nicht im Kampf oder in Medikamenten, sondern in der Stille, in der der Geist schließlich zum Körper sagt: „Es ist jetzt sicher – du kannst beginnen."

Wie Sofia ihren idealen geführten Heilungszustand fand

Jahrelang lebte Sofia in ständiger Bewegung. Sie führte ein erfolgreiches Unternehmen, zog zwei Kinder groß und balancierte gleichzeitig zahlreiche Verpflichtungen. Doch unter der Oberfläche begann ihr Körper zusammenzubrechen. Anhaltende Müdigkeit, Magenschmerzen und Schlaflosigkeit waren zu ihrem Alltag geworden. Sie probierte Nahrungsergänzungsmittel, neue Diäten und verschiedene Routinen aus, doch nichts half. Tief in ihrem Inneren spürte sie, dass ihr Körper um etwas bat, das sie noch nicht verstand.

Eines Nachmittags brach Sofia während eines Meetings vor Erschöpfung zusammen. Ihr Arzt erklärte ihr später, dass sie Anzeichen von Nebennierenermüdung und frühe Marker einer Autoimmunreaktion habe. „Sie müssen langsamer machen", sagte er ernst. „Die Heilungssysteme Ihres Körpers können nicht funktionieren, solange Sie im Überlebensmodus sind."

Diese Worte trafen sie stärker als jede Diagnose. Sie war nicht nur müde – sie lebte dauerhaft im Kampf-oder-Flucht-Modus.

Entschlossen, sich zu erholen, begann sie, über die Verbindung zwischen Stress und Heilung zu recherchieren. Sie erkannte, dass ihr Nervensystem jahrelang im Alarmzustand gewesen war. Jeden Morgen wachte sie mit dem Klingeln ihres Telefons auf, ihr Herz schlug bereits schneller, während ihr Geist die Aufgaben des Tages aufzählte. Ihr Körper erhielt nie das Signal, dass es sicher war, sich auszuruhen.

Eines Abends entdeckte sie online eine geführte Audioaufnahme mit dem Titel „Aktiviere deinen Heilungszustand". Die Stimme der Aufnahme sprach langsam: „Dein Körper weiß, wie er sich heilen kann. Alles, was er braucht, ist deine Erlaubnis." Diese Worte berührten sie so sehr, dass ihr Tränen in die Augen stiegen. Sie folgte den Anweisungen – schloss die Augen, atmete tief ein und stellte sich ein warmes goldenes Licht vor, das sich von ihrer Brust durch ihren gesamten Körper ausbreitete. Zum ersten Mal seit Jahren verlangsamte sich ihr Atem ganz von selbst. Als die Sitzung endete, fühlte sie etwas, das sie lange nicht gespürt hatte – Frieden.

Sie begann, diese Übung jeden Morgen und jeden Abend zu praktizieren. Anfangs erschien sie ihr zu einfach, um eine echte Veränderung zu bewirken. Doch nach einer Woche bemerkte sie, dass sie wieder durchschlafen konnte. Die Schmerzen in ihrem Magen begannen nachzulassen. Sie lächelte häufiger und spürte, wie ihre Energie zurückkehrte. Ihr Arzt war erstaunt über ihre nächsten Laborwerte – ihre Entzündungsmarker waren gesunken, und ihre Immunfunktion hatte sich deutlich verbessert.

Ermutigt begann Sofia, weitere heilende Rituale in ihren Alltag zu integrieren. Sie machte kurze Spaziergänge im Freien, schrieb jeden Abend drei Dinge auf, für die sie dankbar war, und praktizierte langsame Atmung, wann immer sie sich überfordert fühlte. Mit der Zeit erkannte sie, dass diese Gewohnheiten nicht einfach nur Routinen waren – sie waren die Art und Weise, wie ihr Körper ihrem Geist Sicherheit signalisierte. Je mehr sie dem Prozess vertraute, desto schneller heilte sie.

Monate später, während sie eines Morgens in ihrem Garten saß, erlebte sie einen Moment tiefer Klarheit. Als sie das Sonnenlicht durch die Bäume scheinen sah, wurde ihr bewusst, dass Heilung nicht vom Tun kommt – sondern vom Sein. Ihr Körper hatte nicht mehr Anstrengung gebraucht; er hatte ihre Präsenz gebraucht. Jeder Atemzug, jede Pause, jeder ruhige Moment war ein Signal an ihre Zellen gewesen, dass das Leben wieder sicher war.

Ihre Veränderung inspirierte die Menschen um sie herum. Freunde, die sie früher als unaufhaltsame Unternehmerin gesehen hatten, bewunderten nun ihre Gelassenheit. „Du bist anders", sagte eine Freundin. „Du wirkst... geheilt." Sofia lächelte. „Ich habe aufgehört, gegen mich selbst zu kämpfen", antwortete sie. „Und als ich das tat, hat mein Körper den Rest erledigt."

In den folgenden Jahren begann Sofia, Workshops über den „Heilungszustand" zu leiten. Sie führte andere Menschen durch denselben Prozess – half ihnen, langsamer zu werden, zu atmen und sich wieder mit sich selbst zu verbinden. Sie erzählte ihnen, was sie gelernt hatte: „Dein Körper ist nicht gegen dich. Er versucht dich immer zu schützen. Aber du musst ihm zeigen, dass die Gefahr vorbei ist."

Ihre Geschichte wurde zu einem lebendigen Beispiel für die Kraft der Hingabe. Sie hatte den Weg von Erschöpfung zu Vitalität gefunden, nicht indem sie mehr tat, sondern indem sie den inneren Widerstand losließ, der ihren Körper im Überlebensmodus festhielt. Heilung, so erkannte sie, ist kein Ereignis – sie ist eine Beziehung. Ein Gespräch zwischen ihren Gedanken und ihren Zellen, ihrem Atem und ihrem Herzschlag.

Heute steht Sofia vor Sonnenaufgang auf, sitzt still mit geschlossenen Augen und atmet langsam, bis sie spürt, wie ihr Herzschlag sanfter wird. „Ich vertraue dir“, flüstert sie ihrem Körper zu. In dieser Stille spürt sie dieselbe goldene Wärme, die sie Monate zuvor entdeckt hatte – eine Erinnerung daran, dass Heilung nicht durch Anstrengung entsteht, sondern in der Stille.

Ihre Reise lehrte sie, dass die Intelligenz des Körpers immens ist und seine Fähigkeit zur Reparatur grenzenlos. Wenn der Geist aufhört, Signale der Angst zu senden, und stattdessen Ruhe ausstrahlt, reagiert jede Zelle darauf. Der Heilungszustand ist nichts, das man suchen muss – er ist etwas, zu dem man zurückkehrt. Ein Zustand, der schon immer in uns existiert hat und geduldig darauf wartet, dass wir ihm erlauben zu beginnen.

Kapitel 7: Die Placebo-Kraft: Wie Überzeugung biologische Heilung auslöst

Glaube ist nicht nur psychologisch – er ist biochemisch. Wenn Sie glauben, dass Heilung möglich ist, handeln Gehirn und Körper so, als würde sie bereits stattfinden. Das ist das Wesen des Placeboeffekts: ein kraftvoller Beweis dafür, wie der Geist die Biologie beeinflussen kann. Seit Jahrzehnten beobachten Wissenschaftler Patienten, die sich von Krankheiten erholen oder eine deutliche Linderung verspüren, nachdem sie Tabletten eingenommen haben, die keinerlei Wirkstoffe enthalten. Das einzige echte „Medikament" war der Glaube selbst. Was früher als „nur Placebo" abgetan wurde, gilt heute als eine der stärksten Heilungskräfte, die die Wissenschaft kennt.

Der Mechanismus hinter dem Placeboeffekt liegt im Erwartungssystem des Gehirns. Wenn Sie Heilung erwarten, setzt Ihr Gehirn Chemikalien frei, die dieselben physiologischen Wirkungen erzeugen wie echte Medikamente. Erwartung wird zur Biologie. Dopamin, Serotonin und Endorphine steigen an; Stresshormone sinken; die Immunfunktion verbessert sich. Gehirnscans haben gezeigt, dass Placebos dieselben neuronalen Netzwerke aktivieren wie

Schmerzmittel, Antidepressiva und sogar bestimmte Herzmedikamente. Der Glaube des Geistes sendet eine klare Botschaft an den Körper: Heilung hat begonnen.

Der Placeboeffekt hat nichts mit Täuschung zu tun – er bedeutet, die innere Apotheke des Körpers zu aktivieren. Jeder Mensch besitzt die Fähigkeit, chemische Substanzen freizusetzen, die Schmerzen reduzieren, Entzündungen regulieren und die Genesung beschleunigen. Die Herausforderung besteht nicht darin, auf diese „Apotheke“ zuzugreifen, sondern daran zu glauben. Wenn wir unsere eigene Heilungskraft als „unwissenschaftlich“ abtun, unterbrechen wir die Kommunikation zwischen Gehirn und der angeborenen Intelligenz des Körpers. Wenn wir jedoch Glauben, Visualisierung und positive Erwartung mit medizinischer Behandlung kombinieren, verstärken wir die Heilungsfähigkeit des Körpers.

Das Gegenteil des Placeboeffekts ist der Noceboeffekt – die negative Erwartung, dass uns etwas schaden wird. Angst, Zweifel und Hoffnungslosigkeit erzeugen ebenso reale biologische Veränderungen wie Hoffnung. Menschen, die glauben, dass es ihnen schlechter gehen wird, erleben oft genau das, selbst wenn sich ihr körperlicher Zustand eigentlich verbessern sollte. Das zeigt, dass der Geist nicht zwischen dem Glauben an Gesundheit oder dem Glauben an

Krankheit unterscheidet – er folgt einfach dem dominierenden inneren Bild. Das, was Ihr Bewusstsein am stärksten prägt, wird zur biologischen Vorlage Ihres Körpers.

Der Schlüssel zur Nutzung von Glauben für Heilung liegt darin, Gedanken, Emotionen und Physiologie in Einklang zu bringen. Affirmationen ohne echtes Gefühl bewirken wenig. Doch wenn ein Gedanke von Emotion begleitet wird – von Dankbarkeit, Vertrauen oder Freude – tritt das Nervensystem in den Heilungszustand ein. Das limbische System, das Emotionen steuert, kommuniziert direkt mit dem Hypothalamus und dem Immunsystem. Ein freudiger Glaube an Genesung ist daher kein Wunschdenken, sondern ein neurochemischer Befehl, der die Selbstheilungsmechanismen des Körpers mobilisiert.

Um diesen Prozess zu aktivieren, beginnen Sie mit Visualisierung und sensorischen Details. Stellen Sie sich vor, wie Ihr Körper in diesem Moment heilt – Gewebe regenerieren sich, Energie fließt, Entzündungen verschwinden. Spüren Sie die Emotionen vollständiger Gesundheit. Dankbarkeit ist besonders kraftvoll, weil sie den Glauben verankert, dass Heilung bereits geschieht. Das Gehirn interpretiert Dankbarkeit als Bestätigung von Sicherheit und Fülle und setzt Serotonin und Oxytocin frei. Diese Kombination stärkt das Immunsystem und senkt Cortisol, wodurch der Heilungsprozess beschleunigt wird.

Die Kraft des Placebos zeigt auch, warum Hoffnung und menschliche Verbindung in der Medizin so wichtig sind. Ein einfühlsamer Arzt, ermutigende Worte und eine unterstützende Umgebung verbessern nachweislich die Heilungschancen von Patienten. Nicht nur die Behandlung heilt – auch das emotionale Umfeld. Wenn sich ein Mensch gesehen, unterstützt und ernst genommen fühlt, produziert der Körper mehr Stickstoffmonoxid, was die Durchblutung und die Zellreparatur verbessert. Die Wissenschaft der Heilung ist daher auch die Wissenschaft von Vertrauen, Glauben und menschlicher Verbindung.

Die wichtigste Lektion des Placeboeffekts ist Selbstermächtigung. Er erinnert uns daran, dass Heilung nicht etwas ist, das uns einfach widerfährt – sie geschieht durch uns. Wenn Geist, Emotion und Biologie in Einklang kommen, aktivieren wir die inneren Heilungssysteme des Körpers. Jeder hoffnungsvolle Gedanke ist ein molekulares Ereignis. Jeder Glaube an Genesung sendet ein elektrisches Signal, das unsere Zellen neu programmiert. Sie sind nicht von Ihrer Heilung getrennt – Sie sind ihre Quelle.

Marcus, der Glaubende

Als bei Marcus eine chronische Autoimmunerkrankung diagnostiziert wurde, sagten seine Ärzte, sie sei „behandelbar, aber nicht heilbar“. Die Medikamente linderten die Schmerzen, doch Müdigkeit und Entzündungen blieben bestehen. Mit der Zeit schwand Marcus’ Hoffnung. Er begann vorsichtig zu leben – bestimmte Lebensmittel zu vermeiden, auf Bewegung zu verzichten und die Vorstellung einer vollständigen Genesung aufzugeben. Was er nicht erkannte, war, dass der größte Schaden nicht durch seine Krankheit entstand, sondern durch seinen Glauben, dass Heilung unmöglich sei.

Eines Tages schickte ihm ein Freund einen Link zu einer Dokumentation über den Placeboeffekt. Skeptisch, aber neugierig, sah Marcus zu, wie Patienten mit ähnlichen Diagnosen eine erstaunliche Verbesserung erlebten, nachdem sie an sogenannten „Mind-Body-Heilungsexperimenten“ teilgenommen hatten. Die Patienten hatten Kochsalzinjektionen oder Zuckerpillen erhalten, doch ihre Schmerzen verschwanden, ihre Entzündungswerte verbesserten sich und viele gewannen ihre volle Funktion zurück. Die Forscher erklärten, dass der Glaube die körpereigene Apotheke aus Heilungschemikalien aktiviert habe. „Ihr Körper hört auf Ihre Gedanken“, sagte ein Arzt. Dieser Satz blieb Marcus lange im Gedächtnis.

Zum ersten Mal seit Jahren fragte er sich: Was wäre, wenn ich meinem Geist wieder beibringen könnte zu glauben?

Marcus begann jeden Morgen damit, die Augen zu schließen und sich seinen Körper als stark, gesund und voller Energie vorzustellen. Er sah sein Immunsystem, wie es sich neu ausbalancierte, stellte sich sein Blut voller Energie vor und seine Zellen, die in Harmonie miteinander kommunizierten. Anfangs fühlte es sich absurd an. Er glaubte es nicht wirklich – er tat nur so. Doch er machte weiter. Nach einigen Tagen bemerkte er kleine Veränderungen. Die Schmerzen wirkten weniger stark, und er wachte morgens etwas leichter auf.

Ermutigt begann er ein Dankbarkeitstagebuch zu führen und schrieb jeden Tag fünf Dinge auf, für die er dankbar war. Mit der Zeit wurde Dankbarkeit zur Gewohnheit. Er hörte auf, sich nur auf das zu konzentrieren, was nicht funktionierte, und begann zu schätzen, was noch funktionierte – die Beweglichkeit seines Körpers, das Sonnenlicht am Morgen, die einfache Freude, ohne Schmerzen zu atmen. Jeder Moment der Dankbarkeit stärkte sein Vertrauen in die Intelligenz seines Körpers.

Drei Monate später zeigte eine Routineuntersuchung überraschende Ergebnisse. Seine Entzündungswerte waren deutlich gesunken, und seine Energie hatte sich verbessert.

„Was auch immer Sie tun, machen Sie weiter so“, sagte seine Ärztin erstaunt. Marcus lächelte und antwortete einfach: „Ich habe wieder angefangen zu glauben.“

Je stärker sein Glaube wurde, desto mehr reagierte sein Körper. Er begann, seine Medikamente nicht mehr als chemische Krücke zu sehen, sondern als Unterstützung für die Heilung. „Diese Tablette ist nur ein Bote“, sagte er sich selbst. „Die eigentliche Heilung kommt von innen.“ Die Ergebnisse waren bemerkenswert. Seine Symptome wurden immer schwächer, bis er keine hohen Medikamentendosen mehr benötigte.

Eines Abends, während er durch einen ruhigen Park spazierte, hatte Marcus eine Erkenntnis, die ihm Tränen in die Augen trieb. All die Jahre hatte er darauf gewartet, dass sein Körper ihm beweist, dass er heilen kann, bevor er daran glaubt. Doch die Wahrheit war genau umgekehrt – sein Körper hatte darauf gewartet, dass er zuerst daran glaubt.

Von diesem Tag an begann Marcus, seine Geschichte mit anderen Menschen zu teilen, die sich hoffnungslos fühlten. Er leitete kleine Workshops über die Kraft der Erwartung und half Menschen, ihren Geist als Partner in der Heilung zu nutzen. „Ihr braucht keinen blinden Glauben“, sagte er oft.

„Ihr braucht bewusstes Vertrauen – ein Vertrauen, das euer Körper spüren kann.“

Eine seiner eindrucksvollsten Erfahrungen machte er, als er eine junge Frau traf, die gerade mit derselben Krankheit diagnostiziert worden war, die er einst hatte. Sie war voller Angst und Hoffnungslosigkeit. Marcus sah ihr in die Augen und sagte ruhig: „Die gleiche Intelligenz, die dein Herz schlagen lässt, weiß auch, wie sie dich heilen kann. Glaube daran, selbst wenn es unmöglich erscheint.“ Später sagte sie ihm, dass diese Worte ihr Leben verändert hätten.

Jahre später blieb Marcus’ Gesundheit stabil. Er war nicht nur frei von Symptomen – er war stärker als zuvor. Seine Reise zeigte ihm, dass Glaube nicht bedeutet, so zu tun, als wäre alles perfekt. Es bedeutet, einen inneren Raum zu schaffen, in dem Heilung beginnen kann. Sein Geist war einst sein größtes Hindernis gewesen – nun war er sein stärkster Verbündeter.

Jeden Morgen sitzt er still und wiederholt eine einfache Affirmation: „Mein Körper weiß, was er tun muss. Ich vertraue seiner Weisheit.“ Er sagt es nicht mehr, um sich zu überzeugen – er sagt es, weil er der lebende Beweis dafür ist.

Marcus’ Geschichte ist kein Wunder, sondern Biologie im Einklang mit Überzeugung. Seine Genesung zeigt, dass Geist und Körper Partner sind, keine getrennten Systeme. Die Kraft des Placebos ist kein Trick – sie ist die natürliche Intelligenz des Körpers, die auf Glauben reagiert. Seine Reise offenbarte, dass Heilung nicht mit Medizin beginnt, sondern mit Bedeutung – und dass das stärkste Rezept, das man einnehmen kann, der Glaube selbst ist.

Kapitel 8: Energie und Frequenz – Die unsichtbare Sprache der Heilung

Jedes Atom in Ihrem Körper schwingt. Jede Zelle sendet ein elektrisches Signal aus. Jedes Organ resoniert mit einer bestimmten Frequenz, die mit dem Rest des Körpers kommuniziert. Die Wissenschaft hat bestätigt, dass Menschen nicht nur biologische Systeme sind – wir sind auch elektromagnetische Systeme. Herz, Gehirn und Nervensystem erzeugen ständig messbare elektrische und magnetische Felder, die unsere Physiologie und sogar unsere Umgebung beeinflussen. Heilung ist daher nicht nur biochemisch – sie ist auch energetisch. Der Zustand Ihrer inneren Frequenz bestimmt, wie effizient Ihr Körper repariert, regeneriert und kommuniziert.

Das elektromagnetische Feld des Herzens ist das stärkste im Körper – etwa sechzigmal stärker elektrisch und bis zu fünftausendmal stärker magnetisch als das Feld des Gehirns. Das bedeutet, dass das Herz nicht nur eine Pumpe ist, sondern auch ein Informationssender. Emotionen wie Liebe, Dankbarkeit und Mitgefühl erzeugen kohärente Herzrhythmen – gleichmäßige, harmonische Wellen, die eine optimale Kommunikation zwischen Gehirn und Körper fördern. Negative Emotionen wie Wut, Angst und Frustration erzeugen dagegen chaotische Herzrhythmen, die diese Kommunikation stören und Stresschemie auslösen. Kohärenz zwischen Herz und Gehirn ist die energetische Grundlage der Heilung.

Wenn Ihr Herzrhythmus kohärent wird, synchronisiert sich Ihr gesamter Körper. Das Nervensystem, das Hormonsystem und das Immunsystem richten sich im Gleichgewicht aus und erzeugen das, was Forscher als „physiologische Resonanz" bezeichnen. Dies ist der Heilungszustand auf der Ebene der Frequenz. Kohärenz zu erreichen kann so einfach sein wie die Aufmerksamkeit auf das Herz zu richten, langsam zu atmen und ein positives Gefühl wie Dankbarkeit zu kultivieren. Innerhalb weniger Minuten wechseln Ihre Gehirnwellen in Alpha- oder Theta-Zustände – Muster, die mit tiefer Entspannung, Kreativität und beschleunigter Heilung verbunden sind.

Energieheiltraditionen auf der ganzen Welt – Reiki, Qi Gong, Akupunktur, Klangtherapie – arbeiten seit langem mit diesem Prinzip. Sie erkennen, dass Krankheit entsteht, wenn der Energiefluss blockiert oder aus dem Gleichgewicht geraten ist. Die moderne Wissenschaft unterstützt diese alten Erkenntnisse zunehmend durch Studien zur Biofeldforschung, die zeigen, dass Veränderungen elektromagnetischer Frequenzen mit Schmerz, Entzündungen und Störungen des Immunsystems zusammenhängen. Wenn das Gleichgewicht wiederhergestellt wird, bewegt sich der Körper auf natürliche Weise zurück in Richtung Harmonie.

Auch Klang und Vibration spielen eine wichtige Rolle bei frequenzbasierter Heilung. Jeder Klang erzeugt eine Schwingung, die mit Ihrem Nervensystem interagiert. Das Hören beruhigender Musik, Chanting oder bestimmter Frequenzen wie 432 Hz oder 528 Hz kann nachweislich Angst reduzieren, die Herzfrequenz senken und die Aktivität des parasympathischen Nervensystems erhöhen. Ebenso hilft Zeit in der Natur, den elektromagnetischen Rhythmus des Körpers neu auszurichten – ein Prozess, den Forscher „Erdung“ nennen. Barfuß über Gras oder Erde zu gehen ermöglicht dem Körper, negative Ionen der Erde aufzunehmen, die freie Radikale neutralisieren und Entzündungen reduzieren können.

Energetische Heilung beginnt jedoch im Inneren. Ihre Gedanken und Emotionen sind ebenfalls Frequenzen. Eine positive Geisteshaltung erzeugt eine kohärente Schwingung, die Ihr Biofeld stärkt, während negatives Denken Verzerrung und energetisches Rauschen erzeugt. Deshalb sind Meditation und Achtsamkeit so wirksam – sie beseitigen das „Rauschen“ und stellen ein klares Signal zwischen Geist und Körper wieder her. Visualisierung verstärkt diesen Effekt, indem sie Ihrer Energie eine Richtung gibt. Wenn Sie sich Licht, Wärme oder

Farbe vorstellen, die durch Ihren Körper fließen, programmieren Sie Ihr energetisches System buchstäblich auf Gleichgewicht neu.

Es ist wichtig zu verstehen, dass Energieheilung nicht mystisch ist – sie ist messbar. Technologien wie EEG, EKG und Herzfrequenzvariabilitätsmessung erfassen bereits die elektrische Aktivität des Körpers. Dieselben Signale verändern sich deutlich, wenn ein Mensch Zustände von Ruhe, Dankbarkeit oder Liebe erlebt. Die Frequenzen der Heilung sind keine abstrakte Idee – sie sind reale elektromagnetische Veränderungen, die die innere Harmonie des Körpers widerspiegeln.

Um in Einklang mit einer heilenden Frequenz zu leben, gestalten Sie Ihre tägliche Umgebung so, dass sie Ruhe und Lebendigkeit unterstützt. Verbringen Sie Zeit im Sonnenlicht, hören Sie Musik, die Sie erhebt, umgeben Sie sich mit freundlichen Menschen und pflegen Sie Gedanken, die Sie stärken. Ihr Energiefeld interagiert ständig mit der Welt und verstärkt das, worauf Sie sich konzentrieren. Wenn Sie einen inneren Zustand hoher Frequenz kultivieren – Dankbarkeit, Frieden, Mitgefühl – folgt Ihre Biologie diesem Zustand. Heilung wird mühelos, weil Energie, Biologie und Bewusstsein endlich dieselbe Sprache sprechen.

Leilas Migräne

Jahrelang litt Leila unter chronischer Migräne, die kein Arzt vollständig erklären konnte. Untersuchungen ergaben keine klaren Ursachen, Medikamente linderten zwar den Schmerz, ließen sie aber erschöpft zurück, und Spezialisten bezeichneten das Problem schließlich als „stressbedingt". Frustriert begann sie, alternative Heilmethoden zu erforschen. Dabei stieß sie auf einen Online-Vortrag über Energiefrequenz und Herz-Kohärenz. Der Sprecher, ein Physiker und Forscher, erklärte, dass Emotionen messbare Schwingungen besitzen – und dass Harmonie zwischen Herz und Gehirn das Gleichgewicht des gesamten Körpers wiederherstellen könne. Leila war skeptisch, doch ihre Neugier war stärker als ihr Zweifel.

Eines Abends, während einer besonders starken Migräneattacke, entschied sie sich, eine der im Vortrag beschriebenen Übungen auszuprobieren. Sie setzte sich in ein dunkles Zimmer, legte eine Hand auf ihr Herz und begann langsam zu atmen. Die Anweisung war einfach: fünf Sekunden einatmen, fünf Sekunden ausatmen und sich auf ein Gefühl der Dankbarkeit konzentrieren. Zunächst wanderte ihr Geist immer wieder zu den Frustrationen des Tages. Doch nach einigen Minuten veränderte sich etwas. Ihr Atem vertiefte sich, ihre Muskeln entspannten sich, und zum ersten Mal seit

Monaten ließ der Druck in ihrem Kopf nach. Sie schlief ein – nicht vor Schmerz, sondern in Frieden.

In den folgenden Wochen widmete sich Leila täglich dieser Praxis. Jeden Morgen saß sie still, atmete durch ihr Herz und erinnerte sich an etwas, das sie liebte – einen Sonnenaufgang, ein Lachen, die Stimme ihrer Tochter. Sie sah es nicht als Therapie, sondern als ein Stimmen ihrer inneren Frequenz. Allmählich wurden die Migränen seltener. Wenn sie auftraten, waren sie weniger intensiv und verschwanden oft, sobald sie die Kohärenzatmung praktizierte.

Neugierig auf die Wissenschaft kaufte sie ein kleines Gerät zur Messung der Herzfrequenzvariabilität – das gleiche Instrument, das in der Herz-Kohärenzforschung verwendet wird. Auf dem Bildschirm konnte sie beobachten, wie sich ihr Herzrhythmus von unruhigen, gezackten Linien zu sanften, wellenartigen Mustern verwandelte, sobald sie sich auf Dankbarkeit konzentrierte. Zum ersten Mal sah sie ihre eigene Frequenz in Echtzeit verändern. Die Verbindung zwischen Emotion und Physiologie war plötzlich sichtbar.

Ermutigt begann Leila, mit Klangheilung zu experimentieren. Während ihrer Meditation spielte sie sanfte Frequenzen wie 528 Hz oder 432 Hz. Die ruhigen Schwingungen schienen Spannungen aus ihrem Körper zu lösen. An Wochenenden lief sie barfuß am Strand entlang und spürte den Rhythmus der Erde unter ihren Füßen. „Es ist, als würde mein Körper sich an etwas erinnern, das er vergessen hat", sagte sie einmal zu einer Freundin.

Monate später waren ihre Migränen fast verschwunden. Ihr Arzt war erstaunt. „Was immer Sie tun – machen Sie weiter so", sagte er. Leila lächelte und antwortete: „Ich habe einfach gelernt, auf die Frequenz meines Körpers zu hören."

Leilas Veränderung ging weit über körperliche Heilung hinaus. Ihre Beziehungen verbesserten sich, ihre Stimmung stabilisierte sich, und ihre Kreativität blühte auf. Je mehr sie ihre innere Energie mit Frieden und Dankbarkeit ausrichtete, desto mehr spiegelte ihre äußere Welt diesen Zustand wider. Sie begann alles – auch Menschen – als Energie in Bewegung zu sehen. Konflikte, Orte, sogar Gedanken – alles trug eine Frequenz, die ihr Gleichgewicht entweder stärken oder schwächen konnte. Sie lernte, ihre Energie zu schützen, indem sie Ruhe statt Chaos, Freundlichkeit statt Wut und Stille statt impulsiver Reaktion wählte.

Eines Abends leitete sie eine kleine Gruppe in einer Herzatmungsmeditation an und erzählte ihre Geschichte. „Früher dachte ich, Heilung sei etwas, das dem Körper passiert", sagte sie ruhig. „Heute weiß ich, dass sie durch

Energie geschieht. Meine Gedanken, Emotionen und mein Atem gehören alle zu einer einzigen Frequenz. Wenn sie im Einklang sind, folgt mein Körper."

Während die Gruppe still im Rhythmus des Atems saß, spürte Leila eine Welle von Wärme, die von ihrer Brust ausging – ein Feld von Kohärenz, das sie fast im Raum fühlen konnte. In diesem Moment erkannte sie, dass Heilung nie nur darin bestand, Symptome zu beseitigen. Es ging darum, die Harmonie der unsichtbaren Musik des Körpers wiederherzustellen.

Jahre später lebte sie weiterhin nach dieser Erkenntnis. Sie lehrte, dass jedes Wort, jeder Atemzug und jeder Gedanke Energie trägt – und dass der Körper immer zuhört. Indem sie Frieden, Dankbarkeit und Mitgefühl wählte, hatte sie ihr ganzes Wesen neu auf die Frequenz der Heilung gestimmt. Ihre Migränen waren nur die Art ihres Körpers gewesen, sie zu bitten, diesem tieferen Lied zuzuhören. Jetzt lebte sie im Einklang mit diesem Rhythmus – ein Beweis dafür, dass Heilung nicht nur davon abhängt, was man tut, sondern von der Schwingung, in der man jeden Tag lebt.

Kapitel 9: Die Wissenschaft des Loslassens – Wie Hingabe die Heilung beschleunigt

Heilung beginnt oft in dem Moment, in dem wir aufhören, sie kontrollieren zu wollen. Der moderne Geist ist darauf trainiert zu reparieren, zu erzwingen und zu kämpfen, doch der Körper heilt durch Fluss, nicht durch Anstrengung. Die Wissenschaft des Loslassens basiert auf dem Verständnis, dass die Intelligenz des Körpers das bewusste Denken weit übertrifft – und dass diese Intelligenz umso schneller wirken kann, je mehr wir unseren Griff lockern. Hingabe ist keine Schwäche; sie ist Ausrichtung. Sie bedeutet, dem natürlichen Rhythmus des Körpers zu vertrauen, statt gegen ihn anzukämpfen.

Wenn der Geist im Widerstand ist, bleibt der Körper in Spannung. Diese Spannung blockiert die Durchblutung, verlangsamt die Verdauung und hält das Nervensystem im Kampf-oder-Flucht-Modus. Das Ergebnis sind verzögerte Heilung, chronische Erschöpfung und Entzündungen. Physiologisch gesehen aktivieren Kontrolle und Angst das sympathische Nervensystem – den Überlebenszweig –, während Hingabe den parasympathischen Zweig aktiviert – den Reparaturzweig. Wahre Genesung geschieht nur, wenn sich der Körper sicher genug fühlt, loszulassen.

Die Neurowissenschaft bestätigt, dass Loslassen das Gehirn verändert. Wenn wir die Anhaftung an Ergebnisse lösen und aufhören, Sorgen ständig zu wiederholen, nimmt die Aktivität in der Amygdala ab, und der präfrontale Cortex – das Zentrum für Vernunft und Ruhe – übernimmt die Führung. Dieser Wechsel senkt Cortisol, reduziert den Blutdruck und stellt das Gleichgewicht des Immunsystems wieder her. Der Akt der Hingabe ist daher nicht nur spirituell, sondern auch biologisch. Er bringt die Gehirnchemie wieder ins Gleichgewicht und aktiviert die Reparatursysteme des Körpers.

Um Hingabe zu praktizieren, beginnen Sie mit der Wahrnehmung von Widerstand. Achten Sie darauf, wo Sie Spannung im Körper spüren – in den Schultern, in der Brust oder im Bauch – und fragen Sie sich, welcher Gedanke oder welche Angst diese Spannung erzeugt. Atmen Sie dann langsam und bewusst in diesen Bereich. Beim Ausatmen sagen Sie innerlich: Ich lasse los, was ich nicht kontrollieren kann. Diese einfache Handlung signalisiert dem Nervensystem, dass es sicher ist, sich zu entspannen. Mit der Zeit wird diese Reaktion automatisch.

Visualisierung kann das Loslassen vertiefen. Stellen Sie sich einen Strom aus Licht oder Wasser vor, der durch Ihren Körper fließt und allen Druck und jede Erwartung wegspült.

Sehen Sie, wie Ihre Sorgen sich beim Ausatmen wie Nebel auflösen. Das Gehirn reagiert auf Bilder, und wenn es Sicherheit und Fluss wahrnimmt, erzeugt es die innere Chemie der Heilung. Studien mit Meditationspraktizierenden zeigen, dass die Visualisierung von Hingabe Entzündungsmarker senkt und den Vagustonus stärkt – das Signal des Körpers für Sicherheit und Resilienz.

Hingabe hat auch eine tiefgreifende Wirkung auf die Immunregulation. Wenn wir uns gegen das Leben wehren – durch Angst, Schuld oder Besessenheit – erzeugen wir inneren Konflikt. Das Immunsystem spiegelt diesen Konflikt wider, indem es überreagiert oder scheinbare Bedrohungen angreift. Wenn wir loslassen, kehrt innere Harmonie zurück, und das Immunsystem kalibriert sich neu. Deshalb erholen sich Menschen mit einer akzeptierenden Haltung oft schneller nach Operationen, Traumata oder Krankheiten. Akzeptanz ist keine Resignation – sie ist Kooperation mit der Weisheit des Körpers.

Glaube und Vertrauen verstärken diesen Prozess. Ganz gleich, ob Sie Heilung aus einer spirituellen, wissenschaftlichen oder persönlichen Perspektive betrachten – der Glaube an die Fähigkeit des Körpers, sich selbst zu regenerieren, verändert die Biologie. Studien zeigen, dass Patienten, die Hoffnung und Vertrauen bewahren, schneller genesen und weniger

Schmerzen empfinden. Der Grund ist einfach: Vertrauen entspannt das Nervensystem und verbessert dadurch Durchblutung, Immunfunktion und Zellreparatur. Hingabe ist das ultimative Signal des Vertrauens – sie sagt dem Körper: Ich bin nicht mehr in Gefahr; du darfst jetzt heilen.

Loslassen bedeutet nicht, nichts zu tun. Es bedeutet, das zu tun, was möglich ist, aus einem Zustand der Ruhe statt der Panik – und dann das Bedürfnis loszulassen, das Ergebnis zu kontrollieren. Wenn der Geist aufhört zu erzwingen, beginnt die Energie zu fließen. Der innere Arzt des Körpers erwacht. Zellen, Hormone und Neurotransmitter reagieren, als wäre der Sturm vorüber. Das ist die Wissenschaft der Hingabe – die Transformation von Spannung in Vertrauen, von Kontrolle in Fluss, von Widerstand in Erholung.

Heilung beschleunigt sich, wenn wir sie endlich geschehen lassen. Der Körper weiß immer, wie er ins Gleichgewicht zurückkehrt – er wartet nur auf die Erlaubnis. Hingabe gibt diese Erlaubnis. Wenn Sie Angst loslassen, lässt der Körper Schmerz los. Wenn Sie Kontrolle loslassen, öffnet sich das Herz. Und in diesem Raum des Vertrauens beginnt die natürliche Intelligenz des Lebens ihre stille, fast wundersame Arbeit.

Der Moment, in dem Jenna beschloss loszulassen

Den größten Teil ihres Lebens glaubte Jenna, dass Stärke Kontrolle bedeutet. Sie plante jedes Detail, organisierte jeden Moment und arbeitete sich mit purem Willen durch Schmerz und Erschöpfung. In ihrer Karriere funktionierte das – doch ihr Körper zahlte den Preis. Als bei ihr mit dreiundvierzig eine stressbedingte Herzerkrankung diagnostiziert wurde, brach ihre Welt zusammen. „Sie müssen langsamer machen", sagte ihr Arzt sanft. „Ihr Körper kann nicht dauerhaft im Überlastungsmodus leben." Doch langsamer zu werden fühlte sich unmöglich an. Ihre Identität war auf Tun, Reparieren und Leistung aufgebaut.

Zunächst versuchte Jenna, ihre Genesung genauso zu managen wie ihre Arbeit – mit strengen Routinen, perfekter Ernährung und endloser Recherche. Doch je mehr sie versuchte, ihre Heilung zu kontrollieren, desto schlechter fühlte sie sich. Die Herzrhythmusstörungen blieben, und ihre Angst wuchs. Eines Nachts, als sie wieder einmal nicht schlafen konnte, stieß sie auf einen Podcast über die „Wissenschaft der Hingabe". Der Sprecher erklärte, dass echte Heilung entsteht, wenn der Körper sich sicher genug fühlt, loszulassen. Der Satz blieb in ihrem Kopf hängen: sicher genug, um loszulassen.

Zum ersten Mal wurde Jenna klar, dass sie sich nie wirklich sicher gefühlt hatte – weder mit sich selbst noch mit dem

Leben. Alles war ein Kampf um Kontrolle gewesen. In dieser Nacht setzte sie sich in Stille hin, schloss die Augen und flüsterte: „Ich ergebe mich.“ Die Worte fühlten sich fremd an, fast beängstigend. Doch als sie tief atmete, begann etwas in ihr weich zu werden. Sie fühlte sich nicht sofort geheilt, aber sie fühlte sich anders – als hätte ihr Körper jahrelang auf genau diese Worte gewartet.

In den folgenden Wochen versuchte Jenna bewusst, das Erzwingen aufzugeben. Wenn Angst aufkam, atmete sie durch sie hindurch, statt dagegen anzukämpfen. Wenn ihre Gedanken zu rasen begannen, wiederholte sie ihr Mantra: „Ich lasse los, was ich nicht kontrollieren kann.“ Sie begann zu schreiben – nicht um Probleme zu lösen, sondern um sie auszudrücken und freizugeben. Mit jedem Tag ließ die Spannung in ihrer Brust nach. Ihr Schlaf wurde tiefer. Ihr Körper, einst starr vor Anspannung, fühlte sich wieder leicht und beweglich an.

Eines Morgens, während sie durch einen Park ging, bemerkte Jenna plötzlich etwas, das sie monatelang nicht wahrgenommen hatte – das Zwitschern der Vögel, die Wärme der Sonne auf ihrem Gesicht. Tränen stiegen ihr in die Augen, als sie erkannte, dass sie zum ersten Mal seit Jahren wirklich im Moment war. Am Abend hörte sie eine geführte Meditation über Hingabe. Die Stimme sagte: „Heilung ist das, was geschieht, wenn du aufhörst, Heilung zu erzwingen.“ Jenna spürte eine stille Wahrheit tief in sich.

Bei ihrem nächsten Arzttermin zeigten die Ergebnisse eine deutliche Verbesserung. Ihre Herzfrequenzvariabilität – ein Zeichen für das Gleichgewicht des Nervensystems – hatte sich normalisiert. „Was immer Sie tun, machen Sie weiter“, sagte der Arzt. „Ihr Körper heilt sich selbst.“ Jenna lächelte. Sie sagte wenig, doch innerlich wusste sie die Wahrheit: Sie hatte nichts Besonderes getan. Sie hatte einfach aufgehört, Widerstand zu leisten.

Monate später sah Jennas Leben völlig anders aus. Sie arbeitete weiterhin, doch sie lebte nicht mehr in Panik oder Perfektionismus. Herausforderungen begegnete sie mit ruhiger Neugier statt mit hektischem Druck. Wenn Schwierigkeiten auftauchten, erinnerte sie sich: Fluss statt Zwang. Auch ihre Freunde bemerkten die Veränderung. „Du wirkst so friedlich“, sagte eine Freundin einmal. „Als würdest du die Welt nicht mehr auf deinen Schultern tragen.“ Jenna lächelte leise. „Weil ich endlich verstanden habe, dass ich das nie musste.“

Mit der Zeit begann sie, ihre Geschichte mit anderen zu teilen, die unter Stress und Erschöpfung litten. Sie erklärte ihnen, dass Hingabe kein Aufgeben ist – sondern das Zurückgeben der Kontrolle an den Teil des Körpers, der immer wusste, was zu tun ist. „Wenn du loslässt“, sagte sie, „versteht dein Körper endlich, dass der Krieg vorbei ist. Und genau dann beginnt die Heilung.“

Eines Abends saß Jenna auf ihrer Veranda, atmete langsam und beobachtete, wie der Himmel von Gold zu Violett wechselte. Das leise Zirpen der Grillen umgab sie, und sie spürte ihren Herzschlag ruhig und gleichmäßig. Jahrelang hatte sie versucht, ihren Körper zu besiegen. Nun hatte sie gelernt, ihm zuzuhören. Jeder Atemzug fühlte sich wie ein Gespräch mit dem Leben selbst an.

Sie schloss die Augen und lächelte, erfüllt von einem inneren Frieden, den sie früher für unerreichbar gehalten hatte. Heilung war nicht durch Kontrolle gekommen, sondern in dem Moment, in dem sie ihrem Körper vertraute, sich selbst zu erinnern.

Seitdem lebt Jenna nach einer einfachen Wahrheit: Heilung braucht keine Kontrolle – sie braucht Vertrauen. Und jedes Mal, wenn sie den Drang verspürt, wieder zu kämpfen, legt sie ihre Hand auf ihr Herz und flüstert ihr Mantra: „Ich lasse los, was ich nicht kontrollieren kann.“ Mit jedem Atemzug hört ihr Körper zu – und setzt seine stille, wundervolle Arbeit der Heilung fort.

Kapitel 10: Bewusste Regeneration: Dem Körper beibringen, sich selbst neu aufzubauen

Regeneration ist nicht nur ein biologischer Prozess – sie ist auch ein bewusster. Jede Sekunde sterben in Ihrem Körper über 50 Millionen Zellen und werden ersetzt. Ihre Haut erneuert sich etwa jeden Monat, Ihre Leber regeneriert sich innerhalb weniger Wochen, und sogar Ihre Knochen bauen sich etwa alle zehn Jahre vollständig neu auf. Der menschliche Körper ist ein lebendiges, sich selbst reparierendes Ökosystem. Doch wenn der Geist in chronischem Stress, Angst oder Selbstzweifeln gefangen ist, verlangsamt sich dieser regenerative Prozess oder gerät aus dem Gleichgewicht. Bewusste Regeneration bedeutet, Gedanken, Emotionen und Absichten mit dem natürlichen Bauplan des Körpers für Erneuerung in Einklang zu bringen.

Die Grundlage der Regeneration liegt in der Kommunikation zwischen den Zellen. Jede Zelle in Ihrem Körper ist durch biochemische und elektromagnetische Signale mit anderen verbunden. Diese Signale werden von Ihrem mentalen und emotionalen Zustand beeinflusst. Wenn Sie Ruhe, Dankbarkeit oder Liebe empfinden, setzt Ihr Gehirn Neuropeptide frei – chemische Botenstoffe, die den Zellen signalisieren, dass es sicher ist zu wachsen, sich zu reparieren und sich normal zu teilen. Wenn Sie dagegen in Angst oder Wut leben, stören Stresshormone diese Kommunikation, was zu Entzündungen, vorzeitiger Alterung und Zellerschöpfung führen kann. Kurz gesagt: Ihr mentaler Zustand bestimmt Ihre Geschwindigkeit der Erneuerung.

Neurowissenschaft und Epigenetik haben gezeigt, dass die Genexpression – also der Prozess, durch den Gene Proteine bilden und Zellaktivitäten steuern – nicht festgelegt ist. Sie verändert sich abhängig von Umwelt, Gedanken und Emotionen. Die Arbeiten von Dr. Bruce Lipton über „Die Biologie des Glaubens“ zeigen, dass Zellen auf Signale aus ihrer Umgebung reagieren, einschließlich der chemischen Umgebung, die durch unsere Gedanken entsteht. Durch positive emotionale Zustände, Meditation und Visualisierung von Gesundheit können Gene aktiviert werden, die Wachstum und Reparatur fördern, während Gene, die mit Stress und Krankheit verbunden sind, abgeschwächt werden.

Um Regeneration bewusst zu aktivieren, muss zuerst eine Umgebung geschaffen werden, in der Heilung möglich ist. Zellen gedeihen in Kohärenz – einem Zustand, in dem Sauerstoff, Nährstoffe und Energie frei fließen. Tiefes Atmen, ausreichende Hydration, Sonnenlicht und Schlaf sind keine Luxusfaktoren, sondern Auslöser für Regeneration. Jeder dieser Faktoren sendet dem Körper das Signal, dass die Bedingungen ideal für den Wiederaufbau sind. Regeneration kann nicht im Chaos stattfinden. Ruhe, Klarheit und Sicherheit sind der Boden, aus dem Erneuerung wächst.

Visualisierung spielt ebenfalls eine zentrale Rolle bei bewusster Regeneration. Wenn Sie sich vorstellen, wie Ihr Gewebe voller Vitalität strahlt, Ihr Herz kraftvoll schlägt oder Ihre Immunzellen Entzündungen beseitigen, setzt Ihr Gehirn entsprechende Neurochemikalien frei. Das Unterbewusstsein unterscheidet nicht zwischen Vorstellung und Realität – es reagiert auf die emotionale Intensität des Bildes. Stellen Sie sich nicht nur vor, geheilt zu sein, sondern erneuert. Visualisieren Sie, wie Ihre Zellen perfekt wiederaufgebaut werden, Ihre Organe mühelos funktionieren und Ihre Energie jeden Tag wächst. Dieser mentale Bauplan lenkt Ihre Biologie.

Auch Ernährung ist ein wichtiger Motor der Regeneration. Lebensmittel, die reich an Antioxidantien, Phytonährstoffen und Pflanzenstoffen sind – wie Beeren, grünes Blattgemüse, Kurkuma und grüner Tee – schützen Zellen vor oxidativem Stress und fördern die Bildung neuer Mitochondrien, den Kraftwerken der Energieproduktion. Doch auch die Haltung beim Essen ist wichtig. Wenn Sie mit Dankbarkeit und Präsenz essen, verbessert sich die Verdauung, die Nährstoffaufnahme steigt und das hormonelle Gleichgewicht stabilisiert sich.

Bewusstes Essen wird so zu einer weiteren Form der Zellkommunikation.

Bewegung stimuliert ebenfalls die Regeneration, indem sie die Durchblutung verbessert und Wachstumshormone freisetzt. Bewegung signalisiert dem Körper, dass er lebendig, anpassungsfähig und bereit zur Reparatur ist. Selbst sanfte Bewegung wie Dehnen oder Spazierengehen beschleunigt die Versorgung der Gewebe mit Sauerstoff und Nährstoffen. In Kombination mit Meditation und Atemarbeit entsteht eine kraftvolle Verbindung aus körperlicher, emotionaler und energetischer Erneuerung.

Schließlich wirken Dankbarkeit und Selbstliebe als emotionaler Klebstoff, der die Regeneration zusammenhält. Zellen reagieren auf Liebe wie Pflanzen auf Sonnenlicht. Der innere Dialog, den Sie mit sich selbst führen, ist entscheidend. Wenn Sie denken: „Ich heile, ich erneuere mich, ich bin dankbar“, entspannt sich Ihr Nervensystem, Ihr Herzrhythmus harmonisiert sich, und Ihre Biologie reagiert entsprechend. Der Körper hört mehr auf die Sprache der Freundlichkeit als auf Befehle.

Bewusste Regeneration ist kein mystischer Prozess – sie ist eine Rückkehr zum ursprünglichen Design des Körpers. Sie sind nicht nur eine Ansammlung von Organen – Sie sind ein lebendiges Bewusstsein, das seine eigene Biologie beeinflussen kann. Wenn Sie Atem, Gedanken und Emotionen mit der Intelligenz Ihres Körpers in Einklang bringen, aktivieren Sie das uralte Programm der Erneuerung, das in jeder Zelle existiert. Heilung wird dann mehr als nur Genesung – sie wird zu Transformation.

Daniel entdeckt das Geheimnis

Die meiste Zeit seines Erwachsenenlebens glaubte Daniel, dass Altern und körperlicher Abbau unvermeidlich seien. Mit fünfzig fühlte er sich älter, als er war – seine Gelenke schmerzten, seine Energie ließ nach, und sogar sein Gedächtnis schien schwächer zu werden. „So ist das eben", sagte er oft. „Das gehört zum Älterwerden." Doch tief in seinem Inneren fragte er sich, ob es vielleicht mehr gab. Immer wieder las er von Menschen, die chronische Krankheiten überwanden oder ihre Vitalität durch Meditation, Fasten oder Energiearbeit zurückgewannen. Konnte der Körper sich wirklich selbst neu aufbauen?

Der Wendepunkt kam während einer Geschäftsreise, als er einen älteren Mann namens Rafael kennenlernte. Mit einundsiebzig bewegte sich Rafael mit der Leichtigkeit eines Menschen, der halb so alt war. Fasziniert fragte Daniel nach seinem Geheimnis. Rafael lächelte und sagte: „Ich kämpfe nicht gegen meinen Körper – ich spreche mit ihm.“ Als Daniel verwirrt schaute, fügte er hinzu: „Jede Zelle in deinem Körper hört auf deine Gedanken. Jeden Morgen sage ich meinen Zellen, dass sie stark, jung und voller Leben sind. Und sie hören zu.“

Dieses Gespräch ließ Daniel monatelang nicht los. Er begann, über Zellregeneration zu lesen, über Epigenetik, Meditation und Neuroplastizität. Die Wissenschaft faszinierte ihn: die Idee, dass der Geist Gene für Wachstum und Reparatur aktivieren kann und dass Emotionen die Kommunikation zwischen Zellen beeinflussen. Schließlich beschloss er, ein Experiment mit sich selbst zu machen.

Jeden Morgen setzte Daniel sich still hin und stellte sich seinen Körper als vital und jugendlich vor. Er sah seine Zellen im Licht leuchten, sein Blut frei zirkulieren und seine Gelenke sich mühelos bewegen. Anfangs fühlte es sich seltsam an – sein rationaler Verstand zweifelte. Doch mit der Zeit wurde es natürlicher. Nach einigen Wochen bemerkte er erste Veränderungen. Er wachte früher auf, ohne müde zu sein, seine Haut wirkte gesünder, und der dumpfe Schmerz in seinen Knien war verschwunden.

Ermutigt begann er zusätzlich mit Dankbarkeitstagebuch und Atemübungen. Statt über das Älterwerden zu klagen, dankte er seinem Körper für seine Widerstandskraft. Er lief barfuß über Gras, nahm morgens Sonnenlicht auf und aß langsam und bewusst. Bei jeder Mahlzeit sagte er still: „Das nährt meine Erneuerung." Je mehr Respekt er seinem Körper entgegenbrachte, desto stärker reagierte dieser.

Nach drei Monaten fragten Freunde, was er verändert habe. „Du siehst jünger aus", sagte einer. „Hast du eine neue Diät angefangen?" Daniel lachte. „Keine Diät", antwortete er. „Nur Zusammenarbeit." Seine Blutwerte bestätigten, was er fühlte – seine Entzündungswerte waren gesunken, seine Hormonwerte hatten sich verbessert und sein Schlaf war tiefer geworden. Sein Arzt nannte das „ungewöhnlich für sein Alter".

Eines Abends während einer Meditation hatte Daniel eine unerwartete Erkenntnis. Er sah seinen Körper nicht mehr als alternde Maschine, sondern als lebendige Gemeinschaft intelligenter Zellen – jede einzelne hörend, reagierend und anpassungsfähig. „Ich bin nicht in meinem Körper", dachte er. „Ich bin mein Körper." Die Trennung zwischen Geist und Körper löste sich auf. In diesem Moment fühlte er eine Vitalität, die er lange nicht gespürt hatte.

Jahre später praktizierte Daniel weiterhin seine Regenerationsroutine und erklärte anderen, dass Erneuerung mit Bewusstsein beginnt. Er sagte seinen Schülern: „Euer

Körper muss nicht gezwungen werden – er muss vertraut werden. Eure Zellen sind loyal. Sie spiegeln, was ihr über euch glaubt. Wenn ihr glaubt, dass ihr zerfallt, folgen sie diesem Glauben. Wenn ihr glaubt, dass ihr euch erneuert, folgen sie auch diesem.“

Er behauptete nie, ein Wunder entdeckt zu haben – nur eine Beziehung. Die Beziehung zwischen Geist und Materie, zwischen Absicht und Biologie. Seine Geschichte wurde zu einem stillen Beweis dafür, dass Altern nicht zwangsläufig Verfall bedeutet, sondern Anpassung – und dass der Geist diese Anpassung in Richtung Erneuerung statt Abbau lenken kann.

Noch heute steht Daniel jeden Morgen vor Sonnenaufgang auf, schließt die Augen und atmet tief. Er legt seine Hand auf sein Herz und flüstert: „Jede Zelle in meinem Körper ist neu, stark und lebendig.“ Beim Ausatmen spürt er einen warmen Energiestrom durch seinen Körper fließen. Das Gespräch zwischen seinem Geist und seinen Zellen geht weiter – mühelos, wie ein alter Rhythmus, der wiederentdeckt wurde.

In dieser Stille lächelt Daniel und weiß, was er einst bezweifelte: Der Körper altert nicht einfach – er hört zu. Und wenn man mit Liebe zu ihm spricht, antwortet er in der Sprache der Regeneration.

Kapitel 11: Der Geist des Herzens – Emotionen als Medizin nutzen

Die Wissenschaft lehrte lange, dass das Gehirn alles kontrolliert – dass Gedanken Emotionen erzeugen. Doch neuere Entdeckungen haben dieses Verständnis grundlegend verändert. Das Herz besitzt seine eigene Intelligenz, sein eigenes Nervensystem und sogar eine eigene Form von Gedächtnis. Es sendet mehr Informationen an das Gehirn, als das Gehirn an das Herz sendet. Die alte Vorstellung, dass Emotionen aus dem Herzen entstehen, war also nicht nur poetisch – sie war biologisch richtig. Der „Geist des Herzens" wird heute als echtes Kommunikationszentrum erkannt, das trainiert werden kann, um Harmonie, Gesundheit und Heilung im gesamten Körper zu fördern.

Das Herz kommuniziert mit Gehirn und Körper auf vier Wegen: neurologisch (über Nerven), biochemisch (über Hormone), biophysisch (über Puls und Wellen) und energetisch (über sein elektromagnetisches Feld). Wenn Emotionen wie Liebe, Dankbarkeit und Mitgefühl dominieren, wird der Herzrhythmus glatt und kohärent. Diese Kohärenz schafft Balance im Nervensystem, synchronisiert Gehirnwellen und optimiert Immun- und Hormonfunktionen. Negative Emotionen dagegen erzeugen unregelmäßige Herzrhythmen, die die Kommunikation stören und Stressreaktionen auslösen. Emotionen können daher Medizin sein – oder Gift – je nachdem, wie wir mit ihnen umgehen.

Die Neurokardiologie hat gezeigt, dass die rhythmischen Muster des Herzens die Gehirnfunktion beeinflussen, insbesondere in Bereichen, die mit Aufmerksamkeit, Wahrnehmung, Intuition und Entscheidungsfindung verbunden sind. Wenn das Herz kohärent arbeitet, funktioniert das Gehirn effizienter. Die kognitive Leistungsfähigkeit steigt, Kreativität nimmt zu, und emotionale Reaktivität sinkt. Deshalb fühlen sich Menschen, die Dankbarkeits- oder Mitgefühlsmeditationen praktizieren, nicht nur glücklicher – sie funktionieren auch körperlich besser. Der Körper gedeiht in emotionaler Kohärenz.

Emotionen sind nicht zufällig; sie sind Signale, die den Körper zur Balance führen. Wut zeigt an, dass eine Grenze überschritten wurde. Angst warnt vor möglicher Gefahr. Traurigkeit hilft dabei, Bindungen loszulassen und zu verarbeiten. Doch wenn diese Emotionen chronisch werden – wenn Wut, Angst oder Trauer zum Dauerzustand werden – entstehen biochemische Ungleichgewichte, die das Immunsystem schwächen, das Altern beschleunigen und das Herz-Kreislauf-System belasten. Zu lernen, Emotionen wahrzunehmen, sie zu verarbeiten und anschließend wieder zu kohärenten Gefühlen wie Liebe, Wertschätzung und Frieden zurückzukehren, ist entscheidend für langfristige Gesundheit.

Um den „Geist des Herzens“ zu trainieren, beginnen Sie mit herzfokussierter Atmung. Schließen Sie die Augen, legen Sie eine Hand auf Ihr Herz und verlangsamen Sie Ihren Atem auf fünf Sekunden Einatmen und fünf Sekunden Ausatmen. Stellen Sie sich vor, dass Ihr Atem durch Ihr Herz fließt. Rufen Sie dann eine regenerative Emotion hervor – Dankbarkeit, Fürsorge, Mitgefühl oder Liebe. Fühlen Sie sie wirklich, denken Sie sie nicht nur. Innerhalb weniger Minuten wird Ihr Herzrhythmus kohärent, der Cortisolspiegel sinkt und Immunmarker steigen. Der Körper reagiert unmittelbar auf die emotionale Frequenz des Herzens.

Mit der Zeit stärkt diese Praxis die emotionale Widerstandskraft. Situationen, die früher Stress ausgelöst haben, verlieren ihre Macht. Sie reagieren mit Ruhe statt mit impulsiver Reaktion. Das Herz programmiert das Gehirn buchstäblich neu. Dies ist emotionale Meisterschaft – die Fähigkeit, auch im Chaos Kohärenz zu wählen. Studien des HeartMath Institute zeigen, dass regelmäßiges Training der Herz-Kohärenz Angst reduziert, die Konzentration verbessert und das Hormon DHEA erhöht, das mit Vitalität und Langlebigkeit verbunden ist.

Dankbarkeit gehört zu den stärksten „Herzmedikamenten", die es gibt. Sie verschiebt die gesamte Physiologie in Richtung Heilung. Dankbarkeit signalisiert dem Gehirn, dass das Leben sicher und reich ist, wodurch die Kampf-oder-Flucht-Reaktion abgeschaltet wird. Gleichzeitig verbessert sie die Herzfrequenzvariabilität – einen wichtigen Indikator für Gesundheit und Stressresistenz. Ebenso verbindet Mitgefühl Menschen auf biologischer Ebene miteinander, synchronisiert Herzrhythmen zwischen Personen und verstärkt kollektive Kohärenz. Liebe ist daher nicht nur eine Emotion – sie ist eine Frequenz, die heilt.

Die Weisheit des Herzens ist einfach und tief zugleich: Was Sie fühlen, wird zu dem, was Sie sind. Emotionen sollen nicht unterdrückt, sondern bewusst kultiviert werden. Wenn Sie mit offenem Herzen leben – Liebe, Vergebung, Freude und Dankbarkeit ausdrücken – werden Sie selbst zu einem Feld heilender Energie. Jede Zelle Ihres Körpers stimmt sich auf diese Schwingung ein. Der Geist des Herzens wird zu Ihrer wahren Medizin, die Gleichgewicht von innen heraus wiederherstellt und Heilung nach außen in die Welt trägt.

Isabels Geschichte

Isabel hatte sich ihr Leben lang von ihrem Intellekt leiten lassen. Als Neurowissenschaftlerin vertraute sie auf Logik,

Forschung und Beweise. Doch nach dem plötzlichen Tod ihres Mannes konnte kein wissenschaftliches Wissen ihren Schmerz lindern. Die Trauer fühlte sich endlos an – ein Druck in ihrer Brust, der sich wie eine schwere Last ausbreitete. Keine rationale Erklärung konnte ihn auflösen. Kollegen rieten ihr, eine Pause einzulegen, doch sie konnte sich kaum konzentrieren. Selbst das Atmen fühlte sich schwer an.

Eines Abends, als sie zu Hause alte Forschungsdateien durchsuchte, stieß Isabel auf eine Studie, die sie Jahre zuvor ignoriert hatte – eine Arbeit über Herz-Kohärenz und emotionale Regulation. Darin wurde beschrieben, wie sich das elektromagnetische Feld des Herzens mit Emotionen verändert und wie Dankbarkeit und Liebe physiologische Balance wiederherstellen können. In ihrer Trauer wirkten diese Worte plötzlich anders. Zum ersten Mal sah sie darin nicht nur Daten, sondern Hoffnung.

In dieser Nacht entschied sie sich, die einfache Übung aus der Studie auszuprobieren. Sie setzte sich ins Bett, legte ihre Hand auf die Brust und begann langsam zu atmen. Zunächst wehrte sich ihr Körper – die Traurigkeit war zu schwer, der Schmerz zu tief. Doch sie atmete weiter und stellte sich vor, dass jeder Atemzug Licht in ihr Herz bringt und jeder Ausatem Schmerz freigibt. Als sie schließlich flüsterte „Danke“, wusste sie nicht genau wofür – vielleicht für die Jahre mit ihrem Mann, vielleicht nur dafür, dass sie noch atmen konnte.

Während sie weiter atmete, veränderte sich etwas. Der Druck in ihrer Brust ließ nach. Ihr Herzschlag wurde ruhiger. Eine Wärme breitete sich durch ihren Körper aus, als hätte jemand sanft eine tröstende Hand auf ihren Rücken gelegt. Zum ersten Mal seit Monaten schlief sie die ganze Nacht durch.

In den folgenden Wochen praktizierte Isabel jeden Morgen und Abend die herzfokussierte Atmung. Die Wellen der Trauer kamen weiterhin, doch sie überwältigten sie nicht mehr. Sie bemerkte, dass ihr Körper entspannte, sobald sie sich auf Dankbarkeit konzentrierte – auf Erinnerungen voller Liebe, ein Lächeln, gemeinsame Momente. Ihr Immunsystem, das durch monatelangen Stress geschwächt war, begann sich zu erholen. Die Migräne verschwand. Ihre Energie kehrte zurück.

Eines Tages, während eines Spaziergangs auf einem ruhigen Waldweg, spürte Isabel plötzlich einen tiefen Frieden. Sie erkannte, dass sie ihre Liebe nicht loslassen musste – sie konnte sie in ihrem Herzen weitertragen. Die Erinnerung an ihren Mann hatte sich von Schmerz in Licht verwandelt. Sie lächelte und flüsterte leise „Danke“ in den Wind.

Zurück an der Universität begann Isabel, emotionale Kohärenz in ihre Forschung zu integrieren. Sie maß die Herzrhythmen von Teilnehmern während Dankbarkeitsmeditationen. Zu ihrer Überraschung bestätigten die Daten genau das, was sie selbst erlebt hatte – Herz-Kohärenz verbesserte die Gehirnfunktion, reduzierte Entzündungen und erhöhte das Wohlbefinden. Doch noch wichtiger war etwas anderes: Sie sah Gesichter aufhellen, Schultern entspannen und Augen weicher werden. Es war Wissenschaft, die auf die Seele traf.

Monate später begann Isabel, Workshops mit dem Titel Der Geist des Herzens zu geben. Sie sprach nicht nur als Wissenschaftlerin, sondern als jemand, der Heilung selbst erlebt hatte. Sie erklärte ihren Teilnehmern, dass Emotion die stärkste Form der Kommunikation des Körpers ist. „Ihr Herz", sagte sie, „ist nicht nur eine Pumpe – es ist ein Lehrer. Wenn Sie ihm zuhören, zeigt es Ihnen, wie Heilung funktioniert."

Während eines Workshops fragte ein junger Mann: „Aber was, wenn mein Herz gebrochen ist?"
Isabel legte eine Hand auf ihre Brust und antwortete ruhig: „Dann ist genau dort der Anfang. Atmen Sie hindurch. Lieben Sie hindurch. Lassen Sie Ihr Herz Ihnen zeigen, wie stark es wirklich ist."

Jahre später praktizierte Isabel weiterhin ihre tägliche Herzmeditation. Jeden Morgen saß sie still, atmete durch ihr Herz und fühlte Dankbarkeit für ein Leben, das sie einst gebrochen und dann neu aufgebaut hatte. Sie suchte Heilung nicht mehr außerhalb von sich – sie lebte sie von innen heraus.

Ihre Geschichte wurde zum lebendigen Beweis ihrer eigenen Forschung: dass Emotion, wenn sie bewusst und mit Liebe erlebt wird, die reinste Medizin ist, die der Körper erzeugen kann. Der Verstand kann Heilung verstehen – doch das Herz wird selbst zur Heilung.

Und in dieser Erkenntnis verstand Isabel schließlich, was jeder Herzschlag ihr schon immer sagen wollte: Wahre Liebe endet nie.

Kapitel 12: Das Erwachen der inneren Intelligenz – Die Gehirn-Körper-Symphonie vollständiger Heilung

In dir existiert ein stilles Orchester der Intelligenz – Milliarden von Neuronen, Billionen von Zellen und unzählige molekulare Signale, die gemeinsam daran arbeiten, das Leben zu erhalten. Diese Intelligenz ist nicht zufällig; sie ist selbstorganisierend, anpassungsfähig und reagiert auf Bewusstsein selbst. Jeder Herzschlag, jeder Atemzug und jede chemische Reaktion geschieht mit präziser Abstimmung, geführt von der inneren Weisheit des Körpers. Diese Intelligenz zu erwecken ist der letzte Schritt der Heilungsreise. Es ist der Moment, in dem Bewusstsein, Vertrauen und Absicht miteinander verschmelzen – und der Körper sich von einem System des Überlebens in eine Symphonie aus Kohärenz und Schöpfung verwandelt.

Innere Intelligenz wirkt durch Kommunikation. Dein Gehirn und dein Körper stehen in ständigem Dialog über elektrische Impulse, Hormone, Peptide und elektromagnetische Signale. Gedanken werden zu Chemie; Emotionen werden zu elektrischer Energie; Überzeugungen werden zu physischer Struktur. Wenn diese Kommunikation klar ist, gedeiht

Gesundheit. Wenn sie verzerrt ist – durch Angst, Zweifel oder innere Trennung – beginnt Krankheit. Heilung bedeutet daher nicht, den Körper zu „reparieren", sondern das Gespräch zwischen Gehirn, Herz und Zellen wiederherzustellen.

Moderne Neurowissenschaft und Quantenbiologie legen nahe, dass Bewusstsein selbst die letztendliche ordnende Kraft hinter dieser inneren Kommunikation sein könnte. Deine Zellen sind nicht passiv – sie hören zu. Sie passen sich der Energie deiner Aufmerksamkeit an. Wenn du dich auf Angst konzentrierst, ziehen sie sich zusammen, sparen Energie und verteidigen sich. Wenn du dich auf Liebe konzentrierst, erweitern sie sich, regenerieren sich und erschaffen Neues. Das ist die Essenz erwachter Heilung – ein Zustand, in dem Bewusstsein zum Dirigenten wird und jedes System des Körpers seinem Rhythmus folgt.

Um diese innere Intelligenz zu erwecken, beginne damit, dich einzustimmen. Verbringe jeden Morgen einige Minuten in Stille und scanne deinen Körper von Kopf bis Fuß. Nimm Bereiche von Spannung, Wärme oder Energie wahr. Statt sie zu bewerten, beobachte sie einfach. Dieser Akt der achtsamen Aufmerksamkeit baut eine Brücke zwischen dem bewussten und dem unbewussten Geist. Du beginnst wieder, die Sprache deines Körpers zu „hören" – die feinen Signale, die dir zeigen, was er braucht. Mit der Zeit wird deine Intuition stärker. Du wirst wissen, wann du ruhen musst, wann du dich bewegen solltest, was du essen und was du loslassen solltest.

Der nächste Schritt ist Harmonisierung. Durch Atem, Emotion und Gedanken kannst du deine inneren Systeme in Kohärenz bringen. Tiefe, rhythmische Atmung signalisiert dem Nervensystem Sicherheit. Positive Emotionen wie Dankbarkeit und Liebe erzeugen Herz-Kohärenz, die wiederum die elektrische Aktivität des Gehirns synchronisiert. Fokussierte Gedanken geben dem Körper eine klare Absicht. Wenn diese drei Elemente zusammenkommen – Atem, Emotion und Gedanke – arbeiten Gehirn und Körper im Einklang. Studien zeigen, dass dieser synchronisierte Zustand das Immunsystem stärkt, das hormonelle Gleichgewicht verbessert und sogar die Genexpression beeinflusst.

Auch Bewegung kann die innere Intelligenz wecken. Praktiken wie Yoga, Tai Chi oder Tanz verbinden den Geist wieder mit dem Körper. Jede Bewegung wird zu einem Dialog mit der Weisheit des Körpers. Man beginnt zu spüren, dass der Körper keine Maschine ist, sondern ein bewusster Partner. Auf seinen Rhythmus zu hören, lehrt Geduld, Präsenz und Mitgefühl.

Schließlich ist Hingabe der Schlüssel, damit die innere Intelligenz die Führung übernehmen kann. Sobald du die Absicht zur Heilung gesetzt hast, übergib sie dem Vertrauen.

Der bewusste Geist setzt das Ziel, doch das Unterbewusstsein und der Körper führen es aus. Der Versuch, alles zu kontrollieren, erzeugt Spannung; das Zulassen schafft Fluss. Hier vertieft sich Heilung von etwas Mechanischem zu etwas beinahe Wundersamem.

Du bist nicht getrennt von der Intelligenz, die dich erschaffen hat. Dasselbe Bewusstsein, das Galaxien formte, koordiniert auch deinen Herzschlag und deinen Atem. Wenn du den Lärm der Angst beruhigst und dich auf die tiefere Strömung in dir einstimmst, erwacht diese Intelligenz vollständig. Heilung geschieht dann mühelos – nicht weil du sie erzwingst, sondern weil du dich daran erinnerst, zuzuhören.

Das Erwachen der inneren Intelligenz bedeutet zu erkennen, dass dein Körper nicht deine Begrenzung ist, sondern dein Verbündeter. Er trägt eine Weisheit in sich, die älter ist als Erinnerung, und wartet nur darauf, auf dein Bewusstsein zu reagieren. Wenn Geist, Herz und Körper als Einheit wirken, hört Heilung auf, ein Ziel zu sein – und wird zu deinem natürlichen Zustand.

Amaras Gehirn-Körper-Symphonie

Amara war immer ein rationaler Mensch gewesen. Sie folgte Anweisungen, nahm ihre Medikamente pünktlich und tat alles, was ihre Ärzte empfahlen. Doch nach Jahren chronischer

Müdigkeit und wiederkehrender Krankheiten fühlte sie sich in einem Körper gefangen, der nicht kooperieren wollte. „Ich mache doch alles richtig“, sagte sie einmal zu ihrem Arzt, „warum bin ich trotzdem krank?“ Er hatte keine klare Antwort. Ihre Blutwerte waren normal. Die Untersuchungen zeigten nichts Auffälliges. Dennoch spürte Amara tief in sich, dass etwas Entscheidendes fehlte – nicht im Körper selbst, sondern zwischen Körper und Geist.

Eine Freundin schlug ihr vor, an einem Retreat für Körperbewusstsein teilzunehmen, das sich auf das „Erwecken innerer Intelligenz“ konzentrierte. Skeptisch, aber verzweifelt, sagte sie zu. Am ersten Morgen bat die Leiterin – eine ruhige Frau mit freundlichen Augen – die Gruppe, still zu sitzen und „dem Körper zuzuhören“. Zehn Minuten lang taten sie nichts anderes als atmen und beobachten. Amaras Gedanken rebellierten. Das kann doch nicht helfen, dachte sie. Doch plötzlich spürte sie etwas Unerwartetes: eine warme pulsierende Empfindung im Bauch und ein sanftes Vibrieren in der Brust. Es war kein Schmerz – es war Präsenz.

Die Leiterin erklärte, dass dieses Bewusstsein die Intelligenz des Körpers sei, die kommuniziert. „Du musst Heilung nicht kontrollieren“, sagte sie. „Du musst sie hören.“ Dieser Satz blieb Amara im Gedächtnis. Zum ersten Mal begann sie, ihren Körper nicht als Hindernis, sondern als Botschafter zu sehen.

In den folgenden Tagen übte Amara, sich einzustimmen. Jeden Morgen legte sie ihre Hände auf ihr Herz und fragte innerlich: Was brauchst du heute? Manchmal spürte sie den Wunsch nach Ruhe, manchmal den Impuls, sich zu bewegen. Manchmal tauchten Emotionen auf – alte Traurigkeit, Angst oder Schuld. Statt sie zu verdrängen, atmete sie durch sie hindurch und ließ ihren Körper den Weg zeigen.

Während einer Übung praktizierte die Gruppe Herz-Gehirn-Kohärenzatmung. Als Amara sich auf Dankbarkeit konzentrierte, spürte sie eine Welle von Wärme vom Herzen zum Kopf steigen – eine Klarheit, die ihren Geist beruhigte. Später erklärte die Leiterin, dass sich ihr Nervensystem synchronisiert hatte und ihre Heilungsmechanismen aktiviert wurden. „Das“, sagte sie, „ist die Sprache der inneren Intelligenz.“

Als Amara nach Hause zurückkehrte, machte sie das Zuhören zu ihrer neuen Routine. Vor dem Essen fragte sie ihren Körper, welche Nahrung sich richtig anfühlte. Vor dem Schlafen dankte sie ihm dafür, sie durch den Tag getragen zu haben. Wenn Spannung auftauchte, atmete sie hinein, statt sie zu ignorieren. Mit der Zeit nahm ihre Energie zu, ihre Verdauung verbesserte sich und die chronische Müdigkeit verschwand. Ihre Ärzte konnten es nicht erklären – doch Amara brauchte keine Erklärung mehr. Sie wusste: Ihr Körper hatte nur darauf gewartet, dass sie mit ihm zusammenarbeitet statt ihm Befehle zu geben.

Monate später begann sie, anderen Menschen Achtsamkeits- und Selbstheilungstechniken beizubringen. In ihren Workshops sagte sie oft: „Dein Körper weiß, wie er heilen kann – er tut es seit dem Tag deiner Geburt. Du musst nur aufhören, ihn anzuschreien, und anfangen zuzuhören." Sie zeigte, wie einfache Atem- und Dankbarkeitsübungen messbare Ruhe erzeugen können. Zu sehen, wie andere Menschen Frieden fanden, erinnerte sie daran, wie ihre eigene Reise begonnen hatte – müde, verwirrt und getrennt von sich selbst – und wie schnell sich alles veränderte, als sie begann zu vertrauen.

Eines Abends, nachdem sie einen Workshop beendet hatte, saß Amara allein im dunklen Studio. Der Raum war still, ihr Atem ruhig. Sie legte ihre Hand auf ihr Herz und lächelte. Das sanfte Vibrieren, das sie damals zum ersten Mal im Retreat gespürt hatte, war nun vertraut – ein leiser Rhythmus der Harmonie zwischen Geist und Körper. Sie verstand, dass Heilung nie eine Frage der Anstrengung gewesen war, sondern des Erinnerns. Ihr Körper war nie kaputt gewesen – er hatte nur auf ihre Aufmerksamkeit gewartet.

In diesem Moment fühlte sie tiefe Dankbarkeit – nicht nur für ihre Genesung, sondern für die Partnerschaft, die sie wiederentdeckt hatte. Ihr Körper war ihr Lehrer geworden, ihr Bewusstsein der Schüler. Gemeinsam bildeten sie eine Symphonie der Intelligenz, die keine äußere Heilung ersetzen konnte.

Von diesem Tag an lebte Amara anders. Sie arbeitete mit Präsenz, ruhte mit Absicht und sprach mit ihrem Körper mit Freundlichkeit. Wenn jemand sie fragte, wie sie geheilt sei, antwortete sie leise: „Ich habe mich nicht selbst geheilt. Ich habe zugehört, und mein Körper hat mir gezeigt, wie."

Ihre Geschichte wurde zu einem stillen Beweis für eine einfache Wahrheit: Heilung kommt nicht von außen nach innen, sondern von innen nach außen – aus der Intelligenz, die immer da war und nur darauf wartete, geweckt zu werden. In diesem Erwachen fand Amara nicht nur Gesundheit, sondern Harmonie – ein lebendiger Beweis dafür, dass der größte Heiler, dem wir jemals begegnen, bereits in uns lebt.

Epilog: Die Rückkehr zur Ganzheit – Sich erinnern an das, was der Körper immer wusste

Heilung ist kein Ziel. Sie ist kein Erfolg und auch kein Wunder, das nur wenigen vorbehalten ist. Heilung ist ein Erinnern – die langsame und heilige Rückkehr zu der Wahrheit, dass dein Körper immer gewusst hat, wie er gedeihen kann. Jeder Herzschlag, jeder Atemzug, jeder leise Energiestoß in deinem Inneren ist ein Beweis dafür, dass das Leben nie aufgehört hat, für dich zu kämpfen. Was sich auf dieser Reise verändert hat, war nicht dein Körper, sondern das Bewusstsein, mit dem du ihn zu sehen begonnen hast. Du hast entdeckt, dass Gesundheit nicht durch Zwang entsteht, sondern durch Harmonie; nicht durch Angst, sondern durch Vertrauen; nicht durch Trennung, sondern durch Verbindung. Der Geist und der Körper, einst durch Missverständnisse getrennt, haben wieder zueinander gefunden – und durch diese Wiedervereinigung bist du wieder ganz geworden.

Als du diese Reise zur Verbindung zwischen Gehirn und Immunsystem begonnen hast, hast du vielleicht geglaubt, dass Heilung rein körperlich sei und von Medikamenten, Nahrungsergänzungsmitteln oder äußeren Systemen abhänge. Doch jedes Kapitel hat eine tiefere Wahrheit offenbart: Die

Kraft zur Heilung liegt nicht in dem, was du einnimmst, sondern in dem, was du aktivierst. Du hast gelernt, dass dein Gehirn durch Emotionen mit deinem Immunsystem spricht, dass deine Gedanken deine Biologie formen und dass jedes Gefühl, jeder Glaube und jedes Wort, das du in dir trägst, ein Signal sendet, das entweder die Kraft deines Körpers nährt oder erschöpft. Was du entdeckt hast, ist keine Theorie – es ist eine Sprache. Die Sprache der Kohärenz. Das stille Gespräch zwischen Neuronen und Herzschlägen, zwischen Atem und Chemie, zwischen dem Unsichtbaren und dem Greifbaren. Du hast begonnen zu erkennen, dass deine Gesundheit niemals von deinem Bewusstsein getrennt war – sie war sein Spiegel.

Als du Achtsamkeit, Atmung und emotionale Balance geübt hast, begann sich deine innere Welt zu verändern. Das Chaos wurde still. Das Geräusch ständiger Sorgen löste sich langsam in Ruhe auf. Du hast erkannt, dass Frieden keine Emotion ist – er ist eine Frequenz, die heilt. In diesem Frieden hörten deine Zellen zu und reagierten. Entzündungen begannen nachzulassen, dein Schlaf wurde tiefer und deine Energie kehrte zurück. Du hast gesehen, dass Hingabe nicht bedeutet, die Kontrolle aufzugeben, sondern Raum zu schaffen, damit die Intelligenz des Körpers wirken kann. Du hast gesehen, wie Dankbarkeit dein Herz neu programmiert, wie Visualisierung dein Gehirn umgestaltet und wie Vertrauen Chemie in Transformation verwandelt. Was einst mystisch erschien, wurde messbar; was unsichtbar schien, wurde unbestreitbar. Jeder Moment des Vertrauens, jeder Atemzug der Liebe war ein Akt der Medizin.

Heilung, so verstehst du jetzt, ist nicht die Abwesenheit von Krankheit – sie ist die Gegenwart von Ausrichtung. Du kannst weiterhin Herausforderungen, Rückschläge oder Schmerzen erleben, doch du begegnest ihnen nun anders. Statt gegen deinen Körper zu kämpfen, hörst du ihm zu. Statt deine Emotionen zu unterdrücken, lässt du sie sprechen. Du weißt jetzt, dass dein Körper dich niemals verrät – er kommuniziert immer. Ein Symptom ist keine Strafe; es ist Information. Ein Moment der Müdigkeit, eine Welle der Angst, ein Druck in der Brust – all das ist die Sprache deines Körpers, die dich daran erinnert, dass etwas Aufmerksamkeit, Mitgefühl oder Ruhe braucht. Wenn du auf diese Botschaften mit Liebe statt mit Angst reagierst, antwortet der Körper ebenso. Der Krieg endet, und die Partnerschaft beginnt.

Es wird Momente im Leben geben, in denen Stress zurückkehrt, in denen Chaos eindringt und die Welt um dich herum wieder laut wird. Doch du trägst nun die Werkzeuge in dir, um zur Stille zurückzukehren – zu dem heilenden Zustand, der in dir lebt. Ein paar langsame Atemzüge, eine Hand über dem Herzen, ein einziger Gedanke der Dankbarkeit – das sind deine Tore zurück zum Gleichgewicht. Du hast gelernt, dass Regeneration, Immunität und Energie keine mechanischen Prozesse sind, sondern Reaktionen auf Bewusstsein. Der Körper hört stärker auf den emotionalen Ton deiner Wahrnehmung als auf jedes Rezept. Wenn du mit ihm freundlich sprichst, antwortet er mit Vitalität. Wenn du ihm vertraust, reagiert er mit Stärke. Wenn du ihn liebst, verwandelt er sich.

Vielleicht ist die größte Erkenntnis von allen, dass du nie nur deinen Körper geheilt hast – du hast dich selbst erweckt. Jeder Schritt auf diesem Weg hat dir gezeigt, dass du nicht nur eine Sammlung von Organen bist, sondern ein Feld von Intelligenz, das im Einklang mit dem Universum schwingt, das dich erschaffen hat. Dieselbe Intelligenz, die Galaxien bewegt, lebt in deinen Zellen und orchestriert jede Sekunde eine Symphonie biochemischer Wunder. Jedes Mal, wenn du bewusst atmest, richtest du dich mit dieser Intelligenz aus. Jedes Mal, wenn du Liebe statt Angst wählst, synchronisierst du dich mit der Frequenz des Lebens selbst. Du hast entdeckt, dass Heilung nicht etwas ist, das dir widerfährt – sie geschieht durch dich. Du bist nicht getrennt von der Medizin; du bist die Medizin.

In diesem Erwachen beginnst du zu erkennen, dass wahre Gesundheit über das Körperliche hinausgeht. Sie ist emotionale Stabilität, geistige Klarheit, spiritueller Frieden und energetische Kohärenz – alles in Bewegung als Einheit. Du bist nicht länger ein Patient, der auf Genesung wartet – du bist ein Mitgestalter von Wohlbefinden. Du bist ein Künstler, der Gleichgewicht mit Gedanken malt, Vitalität mit Emotionen formt und Harmonie mit seinem Atem komponiert. Jeder Moment der Achtsamkeit ist ein Pinselstrich. Jeder Ausdruck von Dankbarkeit ist eine Farbe. Jeder Moment der Liebe ist das Licht, das deinem Leben seine Strahlkraft verleiht. Das Meisterwerk bist du – ganz, bewusst und lebendig.

Und so endet dieses Buch, doch deine Reise endet nicht – sie vertieft sich. Die Wissenschaft, die Geschichten und die Übungen waren Wegweiser zurück zu einer Wahrheit, die zugleich uralt und ewig ist: dass Geist, Herz und Körper keine getrennten Kräfte sind, sondern Facetten desselben Bewusstseins. Du bist zugleich der Beobachter und das Beobachtete, der Heiler und der Geheilte. Die Intelligenz, die dein Herz schlagen lässt, weiß, wie sie jeden Teil von dir wiederherstellen kann – sie hat es immer gewusst. Deine einzige Aufgabe ist es, dich zu erinnern, zuzuhören und in dieser Erkenntnis ausgerichtet zu bleiben. Der Körper, in dem du lebst, ist nicht deine Grenze; er ist dein Instrument. Und wenn du ihn im Einklang mit Bewusstsein, Liebe und Vertrauen spielst, erweckst du eine Musik so rein, dass sie alles heilt, was sie berührt.

Die Rückkehr zur Ganzheit bedeutet nicht, jemand Neues zu werden – sie bedeutet, sich daran zu erinnern, wer du immer warst: ein Wesen aus Licht, Bewusstsein und grenzenlosem Potenzial, fähig, Gedanken in Biologie, Emotion in Energie und Bewusstsein in Gesundheit zu verwandeln. Während du weitergehst, trage diese Wahrheit mit dir. Du bist nicht zerbrochen. Du wartest nicht darauf, geheilt zu werden. Du bist bereits ganz – und je mehr du dich daran erinnerst, desto mehr wird dein Körper es ebenfalls tun. Jeder Atemzug, jeder Gedanke, jede Handlung der Mitmenschlichkeit erinnert das Universum daran, dass du mit dem Leben selbst im Einklang bist. Und in dieser Ausrichtung hört Heilung nie auf – sie wird zu deiner Art zu sein.

Also atme tief. Lächle sanft. Vertraue vollkommen. Dein Körper kennt den Weg nach Hause. Alles, was er jemals brauchte, war dein Bewusstsein, um ihn auf diesem Weg zu begleiten. Und jetzt, da du zu dieser Partnerschaft zurückgefunden hast, wird die Reise der Heilung endlos weitergehen – mühelos, anmutig und lebendig. Denn in der Stille jedes Herzschlags und in der Ruhe jedes Atemzugs liegt dieselbe ewige Wahrheit, die durch jede Zelle deines Seins flüstert: Du bist das Leben, das sich selbst heilt.

www.ingramcontent.com/pod-product-compliance
Lightning Source LLC
LaVergne TN
LVHW022231200926
848481LV00006B/2215
9798349215018